Encontro de irmãos após 60 anos

"Caminho de Volta"
Teresa Oliveira

Barueri/SP
Brasil
2024

"Com o governo, se preciso; sem o governo, se possível; e até mesmo, contra o governo, se assim for necessário".
(Alice Tibiriçá)

Apresentação

Caro Leitor, obrigada por adquirir meu livro!

Escrever um livro sobre a minha origem biológica (Nascidos Depois), foi um desafio pessoal, para deixar documentado como consegui ter o direito de conhecer minha história e o impacto que ocasionou na minha vida.

Foi um começo e me incentivou a outros trabalhos, fazendo de tudo que vivi uma formatação constante de projetos que ainda precisam ser executados, para que as questões da Hanseníase não sejam isoladas, também, do direito a práticas públicas verdadeiras e da memória brasileira, da qual fazem parte.

Chega a ser interessante como as pessoas falam da Hanseníase no passado, criando uma imagem coletiva de que tudo ficou lá atrás e que o filme teve um final feliz.

Aí, você percebe que se não for trabalhada a realidade, ninguém está preparado para enfrentar uma patologia que ainda é muito presente no Brasil e faz milhares de doentes. E que poucos valorizaram e documentaram o passado de estigma e sofrimento de pessoas que ainda estão dentro das ex colônias ou fora delas, carregando uma dor pela falta de reconhecimento e justiça, que precisa ser justificada e conhecida.

Talvez seja útil ao sistema, que nossas histórias permaneçam veladas, entrincheiradas somente no meio técnico que trabalha com a patologia, mas não é tão simples assim. Nenhuma doença carregada de estigma é somente uma patologia!

Com certeza, a minha história levantou uma tempestade: a história de muitos.

E pela história de todos, aprendi que o melhor exercício é o trabalho focado na informação e na estrutura de projetos que devolvam a cidadania, por meio do cuidar do passado, respeitar o passado, buscar direitos que foram apagados de nossas certidões de nascimentos, cartões de vacina, históricos médicos.

No decorrer destes 20 anos que estou nesta história, tantas e tantas coisas aconteceram, muitos trabalhos e oficinas deram a oportunidade de reconhecer o meu papel e dissolver a imagem de quem lutava apenas por uma indenização e sinceramente, a indenização nem é uma premissa, apesar de necessária, porque se não houver uma conscientização da presença da Hanseníase no Brasil e as consequências físicas, morais e sociais que ela acaba criando em um espaço de grupo muito significativo, lutar por justiça será totalmente em vão.

A questão indenizatória dos filhos separados é sobre todos nós, mas necessariamente não é sobre nós.

Na verdade, a separação, pela leitura daqueles que tinham o poder nas mãos, era uma medida sanitária.

Não houve um processo de entendimento que ela seria aplicada em pessoas e assim o fizeram. Entretanto, o problema se inicia nos resultados irremediáveis que esta ação causou, ao transformar, mudar o eixo de cada um que não pode conviver com suas famílias biológicas.

O crime, praticado pelo governo do Brasil, ao nos arrancar dos braços de pais e mães diagnosticados com Hanseníase ou suspeitos de, existiu de fato e não está prescrito porque foi um crime de Direitos Humanos, não dependendo da interpretação de cada juiz que receber em sua mesa um processo solicitando justiça.

E crimes de Direitos Humanos não prescrevem!

Junto com este crime, outros crimes já eram praticados, pois nossos pais, ao estarem doentes, foram desumanizados pelo sistema, trancados em colônias, sem direito a atendimento médico compatível com a situação ou advogados que pudessem requerer a preservação de seus bens materiais, morais e familiares, dissolvendo naquele momento, não apenas grupos familiares, mas gerações inteiras que, por conta do estigma estão na quinta geração de indiferença e preconceito, perpetuando até hoje a exclusão pelo "enterro histórico" de nossas vidas, nos privando de direitos e à toda sociedade de conhecer a verdade, demonstrando que, neste país, apesar de boas falas sobre direitos humanos e respeitos, qualquer um, a qualquer tempo, pode ser "separado" de suas origens genéticas, desde que considerem ser o melhor para a manutenção do status político de poucos, com a hipócrita desculpa que será para proteger os cidadãos.

As vozes do sofrimento nunca foram ouvidas.

E as vozes que até hoje ainda se manifestam dentro das ex colônias ou fora delas, exiladas há mais de sessenta anos porque não houve como voltar para o exterior dos muros, diante da segregação que sofreram, precisam ser ouvidas, amparadas, acolhidas, respeitadas e salvas do esquecimento.

Porque a doença, a Hanseníase, não foi a culpada dos crimes cometidos em nome dela, mas a sucessão de medidas arbitrárias que nunca se preocuparam, por segundos que fossem, em quem estavam pisando, usurpando direitos e promovendo horrores, aos que devem ser lembrados como verdadeiros carrascos de políticas higienistas onde haveriam de existir políticas públicas decentes.

Isto teria bastado!
Teresa Oliveira
Autora

Socialmente, a maternidade é percebida como o papel fundamental da mulher.
(Maux & Dutra, 2009).

Tudo começa mais ou menos assim, porque a verdade jamais saberemos!

Lei Federal n 610
De 13/01/1949
"Todo recém nascido, filho de doente de lepra, será compulsória e imediatamente afastado da convivência dos pais."

Luiz Paulo Locketti para *Teresa Oliveira*
17 de maio às 21:12 ·

Hoje posso dizer que estou mais tranquilo, porque domingo, 15 de maio de 2016, meu aniversário, eu ganhei de presente três irmãs que eu nunca tinha visto em minha vida. Eu nem sei explicar a emoção, alegria e alivio que senti , parece que eu já as conhecia desde sempre e que estávamos só alguns dias sem nos vermos. Foi muito bom, mas só agora depois de dois dias é que caiu a ficha e estou podendo assimilar o quão bom foi, elas são lindas, bacanas, extrovertidas, como eu as imaginava, Agradeço a todas elas pelo carinho com que me receberam, Obrigado DEUS !!!!

(Encontro com meu irmão biológico Luiz Paulo em 15 de maio de 2016, com a presença de minhas irmãs Marisa e Elza, minha cunhada Fátima, esposa de Luiz Paulo e meu sobrinho Rene, filho de Elza. O encontro fez parte da pauta da Record TV, Câmera Record no link https://noticias.r7.com/camera-record/videos/separados-pela-hanseniase-irmaos-se-conhecem-aos-60-anos-16092016)

História que não muda

Desde sempre, a humanidade tem o péssimo costume de segregar aqueles a quem oprime, seja por doenças, pobreza, etnia, religião, opção sexual.
Por mais que existam guerreiros para todas estas lutas, sempre existem vítimas e o mundo não consegue se converter ao amor e à compaixão.
Assim foi com a Hanseníase, The Leprosy.

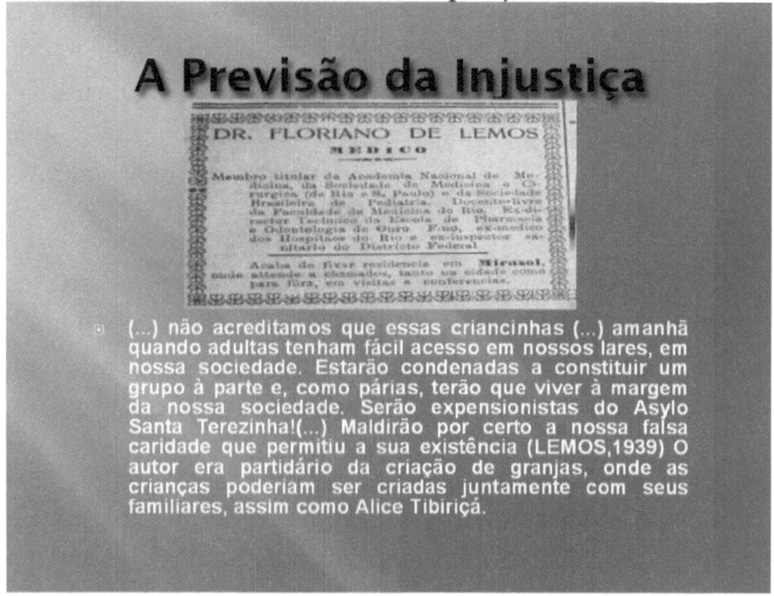

A Previsão da Injustiça

DR. FLORIANO DE LEMOS
MEDICO

Membro titular da Academia Nacional de Medicina, da Sociedade de Medicina e Cirurgia (do Rio e S. Paulo) e da Sociedade Brasileira de Pediatria. Docente-livre da Faculdade de Medicina do Rio. Ex-diretor Technico da Escola de Pharmacia e Odontologia de Ouro Fino, ex-medico dos Hospitaes do Rio e ex-inspector sanitario do Districto Federal.

Acaba de fixar residencia em Mirasol, onde attende a chamados, tanto na cidade como para fóra, em visitas e conferencias.

(...) não acreditamos que essas criancinhas (...) amanhã quando adultas tenham fácil acesso em nossos lares, em nossa sociedade. Estarão condenadas a constituir um grupo à parte e, como párias, terão que viver à margem da nossa sociedade. Serão expensionistas do Asylo Santa Terezinha!(...) Maldirão por certo a nossa falsa caridade que permitiu a sua existência (LEMOS,1939) O autor era partidário da criação de granjas, onde as crianças poderiam ser criadas juntamente com seus familiares, assim como Alice Tibiriçá.

Não se surpreenda com a história do crescimento de São Paulo no início do Século XX e as prováveis comparações que podem ser feitas para outros estados na atualidade.

Não se surpreenda se conseguir colocar a Hanseníase como pano de fundo em todas estas épocas e perceber que as políticas públicas não se utilizam das referências históricas para compor seus planejamentos e, portanto, tendem a não dar conta de seus projetos.

Pesquisando a história para que pudesse justificar o meu passado e o meu presente, cheguei à década de 1920, onde havia um grande desenvolvimento na região de Araraquara (Alta Araraquarense), onde coincidentemente ou não, se origina minha família biológica paterna.

Da mata natural, se inicia um processo de desenvolvimento, onde a floresta começa a perder espaço para o progresso. E isso me fez lembrar do Mato Grosso e do Tocantins atualmente, porque foi óbvia a transferência da situação para hoje.

Participei de um projeto há dois anos atrás, com a Organização Panamericana de Saúde e estive no Tocantins, na cidade Gurupi, fazendo treinamento para Agentes de Saúde Comunitários e orientações a familiares de pacientes de Hanseníase na Policlínica local. A verdade é uma só: o ecossistema responde imediatamente às ações positivas e negativas.

Devastar matas contando apenas com planejamento de negócios, é como asfaltar rios... Em Gurupi, os casos de Hanseníase não assustam ninguém, porque são tantos casos que a população está acostumada a conviver com esta realidade.

O que mais me impressionou naquela cidade, foi a acolhida e o quanto todos aqueles agentes precisavam de um apoio, um incentivo. Infelizmente, após um ano, a maioria destes agentes foi dispensada, o que me trouxe uma grande frustração, porque, na verdade, foram dias e dias de dedicação e de dinheiro gastos, para um pequeno tempo de produtividade que tiveram após o treinamento e a vontade que tinham de trabalhar. Atendemos também 111 presos da cadeia local, que responderam a folha de imagens e gostaria de ter dado continuidade a este trabalho, mas, como quase tudo neste país, você caminha dez passos e retorna quinze, infelizmente.

Mas os contatos ficaram e meu carinho por todos eles será eterno. Aprendi muito com cada pessoa que atendi, com cada agente que caminhou comigo por aquelas ruas extensas, embaixo de um calor de 42°.

Foi uma grata surpresa ao encontrar tantos Agentes de Saúde Comunitária nos meus dois períodos de treinamento e só tenho a agradecer pelo carinho, confiança e dedicação de cada um, reconhecendo o esforço até pessoal que fazem.

POLICLÍNICA
UNIDADE DE ATENÇÃO
ESPECIALIZADA EM SAÚDE
DR. LUIZ SANTOS FILHO
SUS
SAÚDE
SAÚDE
GURUPI
MINISTÉRIO DA
SAÚDE
BRASIL

HANSENÍASE
Vamos juntos apagar esta mancha de Gurupi
CURA SIM PRECONCEITO NÃO
O CONTROLE DA HANSENÍASE DEPENDE DE CADA UM DE NÓS.

UNIDADE DE SAÚDE DA FAMILIA JARDIM SEVILHA
BRASIL
SaúdedaFamília

Retomando nossa linha do tempo, houve uma crescente instabilidade populacional nos interiores de São Paulo, porque muitos circulavam, iam e vinham de diversos lugares em trens lotados de pessoas prósperas ou falidas, mas era uma mudança significativa na realidade do local, inclusive com a chegada de colonos estrangeiros, grande parte italiana e com certeza, em algum vagão destes trens chegaram à região meus avós paternos para trabalhar na terra. Diante do pouco que conheço sobre o início da minha família biológica paterna no Brasil, pude relacionar que se estabeleceram nesta região e ali também encontraram o infortúnio da Hanseníase.

O avanço do plantio do café foi se misturando à descoberta do sertão paulista e sua rápida transformação a golpes de machados afiados (e hoje por serras elétricas) que derrubavam a mata e desrespeitavam o eco sistema.

Assim, chega a esta região Floriano de Lemos. Eduardo Floriano de Lemos, médico atuante, porque através de seus artigos publicados em jornais orientava seus leitores sobre doenças, aleitamento, desenvolvendo um importante papel social e de crítico também à profilaxia da lepra daquele tempo.

> "Ninguém evita o tuberculoso, o sifilítico, o canceroso. Suas casas são frequentadas pelos que se julgam sadios, eles têm amplas relações e gozam de todos os direitos no meio social. O morfético, porém, foi colocado à parte no mundo. Por que? Não há uma razão médica. O vírus do mal de Hansen, não se transmite por herança, como o vírus da sífilis; não tem a virulência que oferece o bacilo de Koch; as suas lesões deformantes desaparecem em geral pelo tratamento, causando menor número de mutilações do que as lesões cancerosas destruídas pela cirurgia moderna. Não há, portanto, uma razão médica. A única razão existente para justificar o desprezo a que foram condenados os hansenianos, reside no seguinte: são portadores de uma peste em

evidência. Nada mais. As outras pestes ocultam-se. A lepra é sincera, não engana ninguém. O lázaro traz, na máscara fisionômica que apresenta ao mundo e nas mãos nodosas ou aleijadas que estende ao seu semelhante, o diagnostico fácil do seu mal. (LEMOS, F. 25 jun. 1939, p. 7)".

E segue este grande médico e escritor, visionário da Saúde Pública e defensor dos Direitos Humanos, com suas crônicas "Drama dos lázaros internos", publicado em 17 de junho de 1945 e coloca sua triste e decepcionante impressão sobre o que vê em realidade nas ex colônias à época.

4. A obra por fora e no fim de alguns anos, o Estado de São Paulo, depois de uma grande luta em prol de tão generoso ideal, possuía, não um leprosário modelo, mas toda uma verdadeira Leprolândia, formada por cinco asilos colônia onde estavam isolados para, mais de oito mil enfermos. O aspecto panorâmico da obra, no seu conjunto era encantador. As instalações pomposas. Pode-se dizer, sem

exagero, dar a tudo uma impressão de luxo, pelo menos externamente. O visitante, recebido em salões bem mobiliados, em seguida a passear por jardins cheio de flores, vendo escolas dentro da colônia, cinema, teatro e biblioteca, ficava apenas extasiado diante dessa obra de isolamento dos lázaros, que era toda feita, em todos os sentidos, por assim dizer, por um único homem – o dr. Salles Gomes, diretor do departamento de Profilaxia da Lepra do Estado. (LEMOS, F. 17 jun. 1945, p. 2) Para, em seguida, mostrar um contraste: 5. A obra por dentro Infelizmente, não se ajuntava, no serviço do DPL, la voix au plumage. As palavras de Neiva e Ribas – esta era a verdade – haviam sido pervertidas. Prisão e degredo. Nenhuma esperança. Nem tranquilidade, nem paz lá dentro. Cada asilado mais aprecia um criminoso cumprindo severa pena. O isolamento desumano, à maneira do que se fazia no tempo de Moisés. O homem tornado uma

> coisa. E quando caso o internado fugia, para livrar-se das torturas e matar a saudade dos seus, era recapturado, logo, a fim de gemer três ou seis meses numa cela escura e infecta, onde os germes do mal, se existissem no corpo do doente, encontrariam um clima admirável para matar de vez a pobre vítima...
> (LEMOS, F. Op. Cit. 1945, p. 2)

Se neste inferno nascemos, tento recriar na minha imaginação, como pode ter acontecido o meu próprio nascimento. E sinceramente, não gosto do que imagino.

E por não conseguir absorver até hoje os motivos reais para tanta brutalidade, vou me colocando em cada história semelhante à minha, que recebo diariamente e o meu sangue vai fervendo, porque eu na verdade passei apenas 4 meses no inferno dos orfanatos e acabei por ser adotada e totalmente integrada ao seio de uma família do bem.

E os outros? E meus irmãos biológicos?

Por minha conta e risco e muita ajuda de Deus, hoje conheço minha família biológica e cada história, de cada um deles, me impacta, me entristece, mas ao mesmo tempo me dá combustível suficiente para lutar até o fim da vida por uma justiça que não querem nos dar, mas que vamos conseguir.

Todos sabemos que enquanto desprezamos a natureza, esquecemos do eco sistema, estamos colocando em risco a humanidade.

A natureza é sábia e o ser humano parece um desorientado quando resolve abrir caminho para se apossar de espaço físico. E a realidade é tão insensata, que preferimos, muito grosso modo, morarmos uns sobre os outros ou apertados em meias paredes para fincarmos nossas vidas nos centros urbanos. E mesmo assim, enquanto nos espalhamos ou nos apertamos, vamos invadindo a natureza e não reconhecendo as consequências de tanta imprudência.

Foi assim no passado e assim as doenças também ganharam espaço suficiente para provocarem tragédias humanas como foi a Hanseníase.

Tudo está interligado e nada acontece separado, como um arquivo absoluto. Se você pisa em uma planta na terra e não volta para replantar e reerguer aquela vida que iniciava, terá um caminho de destruição atrás da sua história.

O estado de São Paulo crescia, se espalhava pelo interior e ninguém olhou para os primeiros casos de Hanseníase, as primeiras segregações e a explosão de custo social irreparável que se iniciava ali e permanece sem dimensões definidas, porque infelizmente, a Hanseníase acabou sendo uma história sem fim.

Infelizmente, foram pelo caminho mais fácil e não pelo caminho correto.

<u>Dor</u>

O código de Deus só pode ser o DNA.

Desde o início da minha caminhada em busca da família biológica que não conhecia, uma força interior me levava a lugares que jamais eu teria andado e com a determinação que andei.

Talvez não compreendam o significado do meu caminho de volta, a persistência com a minha história para relatar a história de milhares de pessoas, mas eu não posso parar porque ainda não conseguimos justiça e somos parte das brutais verdades brasileiras que ninguém quer mexer, remexer, falar, consentir e aceitar que existiram. E se eu parar de escrever sobre ela não terá havido sentido em saber quem fui.

Era um pulsar interior que não tinha cansaço. Meu DNA.

Sim, andei.
Andei porque me despi até involuntariamente de todo tipo de ostentação e retomei o caminho a partir da simplicidade da vida e da experiência dos trens imundos e mal conservados onde minha mãe biológica esmolava quando não ficava internada nas colônias para Hanseníase e fugia para buscar, não sei como e com que forças, as filhas que seu ventre amparou, mas que não permitiram que conhecesse ou criasse. Nossa mãe nunca nos encontrou. De origem pobre, fui buscar minhas verdades. Precisei

admitir que havia vivido uma vida que inventaram para mim, que não era eu, apenas uma imagem do que podiam me oferecer, já que não tinham como me contar que era filha de doente, doente à beira da marginalidade, sem volta para um passado que também não era claro, absoluto. Ora, foi tudo bem injusto!

Se alguém pensou que meu caminho de volta não teve sofrimento, a verdade é que só tenho sofrido nestes últimos anos.

De todas as formas, o sofrimento tem feito parte dos meus dias por vários motivos.

Ter ciência e consciência da história que mapeou de dor, exclusão e falta de tratamento médico os pacientes de Hanseníase e seus familiares no passado não muito distante (décadas de 20 a 80 do Século Passado), me transformou em uma pessoa que, em busca de um passado, ficou totalmente sem ele.

Falsificaram nossas histórias, distorceram nossas verdades, negligenciaram deliberadamente nossos direitos e ainda querem que eu não sofra?

Hoje sou outra pessoa. O que vivi, aprendi, formei em mim durante a adoção, talvez seja a ferramenta que segura a parte que se descobre todos os dias, nos olhares daqueles que sempre souberam ser filhos de doentes, nas sequelas dos que estão há mais de sessenta anos dentro das ex colônias e me recebem com sorrisos largos e abraços carinhosos, que me fazem chorar tanto depois, me culpar tanto depois.... Queria ter feito muito. Apenas isso.

Por que me deram a história como consolo ou tropeço, quando eu não tenho mais a juventude movida a tempestades? Talvez porque eu não daria valor à sabedoria que somente o tempo vai construindo em nosso espírito.

E, por muitas vezes, ainda no fundo de um poço que eu pensava não sairia jamais, questionei Deus. Onde estava Deus quando deixou que todos eles adoecessem em manchas, feridas e dores e fossem levados para a exclusão em local distante e esquecido?

Se Deus é amor, o que aconteceu?

A doença só transformava o corpo. O que eram por dentro jamais teria oportunidade de mudar e eles continuariam tendo sentimentos, amando, fazendo filhos, se socializando, sorrindo, chorando de dor ou perda...

Onde estava Deus?

Mas cada passo que dei neste caminho, cada ex colônia onde coloquei meus pés depois de conhecer minha origem, me fizeram perceber onde era meu lugar: de frente para uma luta sem fim. E a luta somente teria batalhas se eu já tivesse aprendido a lutar. Aceitei o desafio da dor porque ela me pertence. A dor é a única coisa que pode me fazer continuar, porque ela é minha e ninguém vai reclamar pra mim. Eu mesma tenho que vivenciar tudo isso!

Hoje eu sei onde estava Deus: dentro de todos nós, fortalecendo cada dificuldade, cada sequela que aparecia em um doente, em cada amputação, recidiva, em cada filho que voltou para dentro das colônias buscando seus pais, seus carinhos, sendo rejeitado ou amado. Deus estava e está dentro de todos nós.

O caminho é bíblico, infinito, incontestavelmente.

Então a luta ficou e está mais forte a cada segundo.

Mas há uma insatisfação e tristeza interior, porque sabemos que ainda somos esquecidos, deixados de lado por uma sociedade hipócrita, que não acredita que a Hanseníase tem cura. Que não acredita e faz de conta que não vê que a doença continua a fazer doentes, doentes crianças inclusive.

Enquanto a sociedade considerar que tudo isso é passado, o presente vai fazendo mais vítimas e o sofrimento se multiplica. Não resolveram nosso passado, não resolveram nosso presente e irão deixar de resolver outros futuros.

https://youtu.be/zWSEF7OXH60

O terror humano pode se repetir, a história que beira o delírio: tirar crianças recém-nascidas de suas mães, higienizá-las, amontoar umas cinco delas em cada cestinho, considerar isso confortável o bastante e enviar essa "prole" para um orfanato que chamavam de preventório, de creche, de qualquer coisa. Também separavam crianças de qualquer idade, retirando-as de suas casas, do convívio com os pais (normalmente os doentes ou simplesmente "denunciados"), chegando a incendiar suas casas na frente deles e dali para a frente dilacerando famílias e bens pessoais, propriedades, porque daquele instante em diante, poucos voltariam para seus lares.

E, no pavor desta situação, muitos fugiram, abandonaram tudo e se esconderam como podiam, fatalmente morrendo de fome e de abandono, como também sobrevivendo por meio das esmolas oferecidas na ponta de um galho de árvore para não haver contaminação.

Antigo leprosário, bairro Jaçanã, São Paulo, Capital (autor foto desconhecido)

A verdade é que a Hanseníase travou com o governo uma luta desumana em todos os aspectos, porque ninguém estava preparado para ela e acredito que até hoje ninguém esteja, apesar da cura ou do "controle" para a cura.

Na louca divisão entre sadios e doentes, as crianças, filhas destes pacientes, foram as verdadeiras vítimas inocentes de uma profilaxia higienista, que acreditava poder varrer do mundo aqueles que chamavam de imundos e impuros. Fomos exilados. Somos exilados até hoje!!

Enquanto não existir uma reparação financeira e uma confissão moral à toda sociedade dos erros cometidos pelo governo, somos apartados de todas as formas possíveis!

Crianças sadias brutalmente jogadas em preventórios, crescendo em uma orfandade mentirosa e que foram vendidas, adotadas, assassinadas, estupradas, violentadas moralmente e fisicamente.

Crianças que se transformaram em adultos sem referências biológicas, sem apoio educativo, estrutural, somos nós, os grandes exilados que ainda buscamos por justiça neste país de corruptos e corruptores, erro de uma colonização forjada na ruptura de ideais sinceros, de índole, de espírito puro.

Assim, encontrei no meio do meu prontuário, uma carta com letrinhas simples, pedindo com um respeito até exagerado, o favor e não o direito, de ver suas filhas, de conhecer as filhas que saíram do seu ventre e não pode sequer tocar.

Como tudo sempre teve o acompanhamento de Deus, no dia que a religiosa tirou uma cópia do meu prontuário, fez o favor de tirar uma cópia dos prontuários de duas irmãs biológicas que eu mal sabia existirem.

Este foi o divisor de águas: dois prontuários com duas histórias que faziam parte da minha e que, ao ler, me indignou ainda mais. Deste ponto em diante, comecei a carregar dentro de mim um misto de nojo e paz. Nojo pela crueldade cometida com tantas crianças e paz porque finalmente sabia quem eu era.

A opressão e o preconceito eram tão intensos que ninguém ousou lutar até então e se lutou nem disse que foi o guerreiro.

Assim que minha história foi parar dentro de um movimento social que busquei na internet em 2002, mas que só me ouviu ou me deu importância em 2009 e, com meu consentimento e dedicação integral de minha parte, trabalhei voluntariamente, apoiei e fui apoiada, agradecendo sempre a todos eles, começou a luta e minha história foi para a televisão, caminhamos muitos anos e no fundo mesmo, acredito que somente agora vamos lutar para vencer.

Na verdade, contar minha história em "horário nobre" possuía a estratégia de divulgar a questão, sensibilizar a sociedade e mais do que isso, chamar os demais filhos separados que existiam no país e não contavam suas histórias ou eram incentivados a esquecer o passado por conta do preconceito.

Fosse como estava sendo, foi bom porque finalmente eu tinha uma história!

Do jeito que escreveram nossos destinos, eles são únicos. E rendem muita conversa, muita comoção, principalmente "pena", dó. E tem momentos, todos temos estes momentos, que preferimos o dó à solidão.

Mas toda luta tem um preço e muito caro. No calor da emoção você se coloca na frente, dá a cara a tapa como dizem e apanha; apanha feio, de todos os lados, na linha de tiro e com certeza toma todos os tiros e pedradas. O que mais ouvi foi que eu, particularmente, tinha muita sorte por ter sido adotada, sendo até, excluída dos próprios excluídos porque estudei, tive uma família de verdade que me criou. Então, experimentei o preconceito dentro do próprio grupo e até hoje esta é a parte mais difícil de trabalhar. Mas não morri. Até hoje tem gente buscando algum pecado no meu trabalho pra me crucificar junto com a história, sei lá por quais motivos, mas é assim. Com pedradas ou elogios, eu sigo em frente. Na verdade, estou em uma guerra e que, por vezes, se transforma em luta de egos e assisto a tudo isso focada no que vim fazer: trabalhar pelas questões da Hanseníase e justiça a todos que foram separados de seus pais brutalmente.

Porém, não podemos perder o valor de cada história, o foco da questão indenizatória, do abandono em que vivem muitos familiares que, mesmo não tendo a doença são "carimbados" pelo preconceito.

Será que, inconscientemente, estas pessoas têm, na verdade, resistência ao que parece que ficará sem tanto efeito agora? Conheço quem deseja oferecer migalhas e os poucos que parecem gostar delas.

Pensem: a luta de bom resultado como é a nossa, fará o mundo saber o quanto somos fortes e determinados; o quanto o sofrimento nos blindou contra o fracasso e a história poderá ser contada com um final exemplar.

Mas tudo, tudo mesmo, não será perdido por nenhum de nós. O meu nojo, a minha indignação, permanecem e irão comigo na morte, porque foi literalmente cruel.

Até hoje me questiono muito se por acaso não estou na luta errada ou lutando errado, se a minha alma estava de fato falando comigo, se o espírito da vida era realmente o autor de tanta vontade, de tanta determinação, para quem passou a vida inteira cansada de tudo que eu sentia existir mas não me deixavam saber, experimentar.

Minha alma falava e eu estava nascendo mais uma vez.

Meu ser foi usado para demonstrar que o poder de nosso espírito é maior que qualquer flecha que esteja direcionada para nossa vida. A flecha irá atingir algum alvo, porque já foi atirada e não tem retorno. Amadureci com a verdade. Cresci na vida com a dor, mas uma dor que sangra e enquanto sangra, caminho por mim, por todos, por alguém sei lá quem.

Cada filho que foi separado pelo Isolamento Compulsório tem uma história de abandono que precisa de destaque, ser reconhecida.

Se formos nos basear pelo número de filhos que cada casal tinha entre as décadas de 20 a 80 do Século Passado, chegaremos a um número de três filhos por família. E se continuarmos a fazer esta conta por quase 13.0000 pessoas que solicitaram a pensão da Lei 11.520/2007, chegaremos a, aproximadamente 39.000 cidadãos brasileiros que, como eu, tiveram suas histórias biológicas modificadas. E se para cada um de nós somarmos as famílias que fizemos no decorrer da vida, com filhos e netos, poderemos ter a visão progressiva de milhares de brasileiros estigmatizados e exilados neste país, onde a democracia e os direitos individuais ou grupais só são garantidos com muita luta e muita determinação, por anos, por décadas.

E assim estamos nós todos: enfraquecidos pelo desconsolo de nossas histórias pessoais, mas fortalecidos por nossos direitos.

Queria que todos pudessem ter uma foto, pelo menos, do cheirinho bom da comida feita em casa, com pai, mãe, irmãos...Família é algo insubstituível! Lar é algo que não se explica, que sai na foto.... E nós não tivemos isso. Só sei que minha mãe biológica cozinhava muito bem porque uma prima que conheci em 2016 me contou isso. Nunca comi a comida da minha mãe! Pode parecer muito maluco tudo isso, como "foto do cheiro da comida", mas é bem assim que me sinto: sem esta foto e para sempre.

Algumas histórias que ouvi, são chocantes pela relação de pureza e dor que estiveram dentro destas pessoas, como não reconhecer ou saber que a comida não vinha de um prato, mas de um animal ou vegetal, uma planta, porque isolados nos orfanatos, desconheciam, inclusive, a procedência dos alimentos, tendo sua relação com eles somente no prato, no refeitório e da forma mais insensata possível.

Isso prova que, para as pessoas que cuidavam diretamente destas crianças, nada era importante, essencial na formação de todos eles, acreditando que o fato de estarem lá, "tutelando", já era o suficiente, porque, afinal, éramos apenas ninhadas de filhos de leprosos.

Como fui adotada aos 4 meses de idade, não passei por estas experiências institucionais por tempo prolongado, mas todos os relatos que ouvi são inconcebíveis sob todos os pontos focais que se colocar a situação dos que foram institucionalizados injustamente, já que possuíam famílias constituídas e estruturadas para criar seus filhos e foram obrigados a abrir mão, à força, do pátrio poder, como se ter Hanseníase fosse um crime inafiançável e não uma doença.

Isso trouxe revolta, angústia, desamor, desapego até.

Esta estrada não tem volta pra mim, independente se sigo acompanhada ou só. Acredito que ainda consigo andar um pouco mais e assim farei.
Posso não ter experimentado mais que quatro meses a institucionalização, mas vivenciei o preconceito a vida inteira, os olhares diferentes a vida inteira e ainda assim, tive que suportar o silêncio sobre minha origem por mais de 47 anos, o que em nenhum momento diminuiu minha dor, minha busca interior por algo que eu não conhecia mas precisava, minha sensação de ter sido a única idiota deste processo todo, porque eu, a única interessada, não conhecia minha história. Lidar com esta sensação de traição, de mentiras, foi e é muito cruel.

Enquanto a preocupação da maioria é o recebimento de um dinheiro, uma pensão que não existe porque não somos doentes, pela separação a que fomos expostos, faço o caminho da reconquista do olhar social que tudo isso causou às nossas famílias, tentando preservar as histórias e reescrever direitos que foram tirados.

Confesso que existe um arrependimento de minha parte por ter questionado a necessidade da indenização e ter dado a minha vida por ela.

Hoje, a experiência me diz que o caminho inicial não era este. Mas agora já está feito. Então, enquanto a maioria corre atrás desta indenização, eu busco com meu trabalho o reconhecimento histórico de que nascemos brasileiros, fomos e somos esquecidos, mas existimos e temos todo o direito de fazer parte da história do Brasil que é contada e ensinada nas escolas.

O desamparo familiar, a ausência de ética, o contraponto da pobreza com o enriquecimento de alguns que se reproduzem perante selfies da desgraça alheia, precisa parar, terminar, findar.

Eu só busco a dignidade que o governo roubou!!

Vamos desconstruir o preconceito

Não gosto de parágrafos.

Sejam quais forem, na minha imaginação eles funcionam como se algo não tenha sido dito de propósito e se muda de assunto, descaracterizando a importância dos fatos.

Porque a minha vida sempre teve parágrafos que demorei mais de quatro décadas para decifrar e isso foi muito dolorido. Acreditem se quiserem, mas palavras não ditas são flechas atiradas que causam feridas para sempre.

Ontem eu estava afirmando que nunca mais iria escrever um livro, porque as pessoas não leem aquilo que você escreve. Apenas admiram sua coragem, que até no íntimo podem analisar como prepotência, já que foi você quem escreveu e não elas, porque na verdade todos gostariam de escrever, mas "nem todos" escrevem.

Por trás de tudo isso, também existe o desinteresse pela vida do outro, a verdade do outro. Você entrega o livro, a pessoa até quer que autografe e pronto: fica no carro esquecido, na estante que nunca é visitada, em qualquer lugar.... Não há aquela empatia de, pelo menos, começar a ler, mesmo que por simples curiosidade.

Escrever precisa de duas coisas: sentimento e ousadia.

Então, desta vez, optei pela ousadia!

Quem escreve tem um assunto martelando na sua cabeça por horas, dias.... Até que resolve parar tudo que está fazendo e colocar nas palavras, simplesmente porque aquilo que você está sentindo não cabe mais dentro de você, precisa sair.

E hoje foi um dia assim. O dia já está terminado, são quase 23 horas, mas eu não aguentei o meu pensamento e resolvi parar tudo e começar uma história nova para contar a história velha.

A separação dos filhos trouxe uma outra insanidade: a adoção irregular de crianças, vendidas inclusive ou usadas como moeda de troca para recebimentos de doações para algumas instituições religiosas que se fartam em receber dinheiro público e privado, mas que, infelizmente, na maioria dos casos, utilizam este poder financeiro para uso próprio, pouco dele sendo destinado à qualidade de vida daqueles que precisam estar nos orfanatos.

Existem noites que eu tento dormir, mas vem uma imagem que não sei de onde é e nem quando foi, de crianças chorando muito e daí eu suponho, seja minha memória afetiva dos quatro meses de preventório, cutucando minhas lembranças até arranhar meu cérebro e sou obrigada a levantar, tomar uma água, respirar fundo, me controlar para não gritar e voltar para a cama.

Então, como hoje eu sei de onde elas supostamente possam vir, me revolto com a situação de "adotada", velha assim, depois de mais de sessenta anos, mas ainda uma criança grita dentro de mim, me empurrando para uma guerra pessoal, intransferível: a da aceitação. A criança que não pode viver em mim, quer existir também.

Esta é uma ferida aberta para sempre, que move diariamente barreiras a um sentimento, sei lá se seria amor, que eu deveria ter o direito de ter experimentado, mesmo que fosse um anti tudo.

Fui adotada aos 4 meses de idade em situação de dor e flagelo por conta da obrigatoriedade que chamavam de "Isolamento Compulsório" de pacientes de Hanseníase.

Os meus pais biológicos foram impedidos de me criar. Este foi o ponto. Eles não me abandonaram. A doença também não os fariam me abandonar. Foi o Estado Brasileiro que os isolou e os destituiu da cidadania.

Na verdade, foi o Estado quem nos abandonou!

Mas, antes de eu saber tudo isso, como foi que vivi? Se fui adotada tão pequenina, como foi tudo isso na minha vida? Foi um interminável "parágrafo" e quando soube a verdade sobre a minha vida, o céu se desprendeu e caiu na minha cabeça, abriu uma fenda profunda no meu coração e fiquei tão chocada, tão irreconhecível, que decidi entrar no fundo da minha história e estou nela até agora, tentando descobrir, ainda, quem afinal sou eu.

E tudo se confunde porque, apesar da dor, foi o maior presente da vida: parei de olhar para os lados e para o chão e comecei a olhar para frente e ter passos firmes. Já que eu tinha uma dor que nunca mais iria sarar, precisava aprender a caminhar com ela e então fui para dentro da dor, como alguém que fica esperando na praia a tsunami chegar e morre ou se salva. O mais provável seria morrer. Mas acho que me salvei e nasci mais uma vez com a verdade.

A verdade me libertou. Me libertou principalmente, da autosabotagem que eu praticava, me considerando não merecedora da adoção e sempre me encaixando como uma pessoa limitada, paradigmas que não existem mais.

Mas, como eu disse, me joguei de cabeça na dor que não sara e com isso materializei um problema no joelho esquerdo que limita minhas ações e minha amiga Mary Lise me disse: - "Isso é mágoa"! Verdade: é mágoa, um sentimento que eu nunca havia experimentado e que parece não sairá do meu coração.

Hoje eu luto consciente de que nem tudo se materializa, porque há valores morais e sociais que precisam ser reconhecidos antes de qualquer remuneração financeira e que a Hanseníase tem um papel espiritual muito forte na minha vida.

Esta luta me realocou na frequência da vida, no eixo do tudo ao qual fazemos parte e não me incomoda mais os sins ou nãos que recebo. Tenho plena consciência de que preciso seguir em frente. Simples assim.

Sabe, quando não é com você....

Foram 47 anos de vida.

Eu pensava que era uma pessoa, mas era outra.

Neste momento, aos 65 anos, vivo a "adolescência" de quem sou, na velhice do que fui até então. Complicado, não é? Mas me sinto assim e não há outra maneira para eu explicar a minha adoção e meus sentimentos.

A Maura Regina que nasci, não viveu, não teve infância, não estudou.... Daí, a Teresa que me deram, viveu, teve infância, estudou.... Nós duas, Maura e Teresa, combinamos em uma coisa: não nascemos para casar ou ter filhos. Na verdade, nascemos exatamente para nos completarmos e fazermos o que estamos fazendo juntas: "estamos aqui para servir"!

Com meu trabalho, a princípio voltado para filhos que foram separados de seus pais por conta do Isolamento Compulsório da Hanseníase entre as décadas de 20 a 80 do Século Passado e hoje integralmente pelas questões sociais desta doença, acabei conhecendo algumas pessoas na mesma situação adotiva que eu: sem referências concretas sobre a origem. Não são muitas pessoas. Na verdade, somos bem poucos diante dos milhares que não cresceram com suas famílias, porque poucos foram verdadeiramente adotados, trocaram de nomes, apagaram nossa existência. A maioria ficou em educandários ou com terceiros e cresceram sozinhos, indo buscar seus pais dentro das colônias onde estavam confinados ou nunca mais encontrando seus familiares e se conformando com esta realidade.

Os adotados, inclusive por famílias estrangeiras, nem faziam ideia da história de horrores a qual pertenciam. E muitos, até hoje, continuam sem saber.

Na verdade, a população mundial tem muitas estruturas familiares com adoções que são tratadas como segredo de estado, invioláveis e por diversos motivos. Uma grande maioria de pessoas pensam que sabem quem são, mas no fundo não sabem, porque são adotados e ninguém lhes deu o direito de saber.

Mas a adoção de crianças passa por uma linha tênue que todos insistem em deixar de lado: o DNA. Incontestável na vida de todo ser humano, o DNA não tem como apagar, fingir que não existe. Sei por experiência própria, que no final das contas o nosso caráter depende muito mais do núcleo familiar onde crescemos do que especificamente da família biológica de onde viemos.

No fundo, o DNA determina muitas coisas que fogem da explicação científica, da relação biológica que fazem dele. No meu caso, defino o DNA como o código de Deus, o código de uma espiritualidade que vai além de qualquer explicação lógica, concreta, visível. É o código de Deus, que vamos decifrando de acordo com a vontade Dele.

Antes de conhecer meus irmãos biológicos, imaginava que, mesmo ao encontrá-los, não existiriam características físicas suficientes que pudessem me prender emocionalmente a eles.

Mas logo no primeiro encontro de uma irmã biológica, a Marisa, meu universo de entendimento foi destruído. Como o encontro foi feito no Fantástico de 2 de abril de 2010, ao irmos gravar, a produção nos separou em locais distintos. Porém, minha ansiedade era tanta, que consegui ver quando ela passou com seus filhos para gravar. E ali estava, um menino à época, meu sobrinho, com 14 anos que, ao passar, também sentiu um impulso muito forte e nos olhamos. Aquela troca de olhares fulminou meu coração! Ele era muito parecido comigo fisicamente e aquele cabelinho crespo, enroladinho como o meu, tocou muito fundo. Ali estava a minha descendência. Isso é muito forte!

Reconhecer no outro a origem, de onde você veio, é como nascer de novo!

E neste encontro, parecia que eu já conhecia todos. Saímos daquele encontro conversando como se tivéssemos vivido a vida inteira, juntos. Não tínhamos grandes novidades para partilhar.

Então, que DNA é esse que mexe com nossos sentimentos a ponto de abalar estruturas? Não pode ser simplesmente uma digital da vida, mas é. O que difere é como conseguimos ver e sentir esta digital em nossos corações. E para uma pessoa que não conhece seus familiares biológicos e não conviveu com estas semelhanças físicas, o DNA surge como algo Divino, porque transporta você para o que realmente importa na vida: o amor. Acredito que todas as minhas células, enfim, toda a estrutura molecular da minha vida respondeu aos sentimentos mesmo distante e sem reconhecimento formal.

Quando não é com você, nada disso tem grande importância.

Quando você não é adotado e cresce ao lado de todos que biologicamente são iguais a você, isso até parece infantil e ridículo.

Para uma pessoa adotada, por mais que tente disfarçar, isso vai além de qualquer definição lógica. Aqui, 2+2 podem ser muitos números, inclusive 4. A matemática sai das ciências exatas neste momento de reconhecimento da origem.

Pela própria criação que tive em lar afetivo, sei que, até fisicamente, acabo me assemelhando a eles. Mas o núcleo da questão não é esse. Por mais que todo amor do mundo seja de fato para eles; que a identificação pessoal esteja neles, a verdade é que sou duas pessoas e terei que lidar com isso até morrer.

Esta situação, apesar de reconhecível e trabalhada na medida do possível dentro de mim hoje, foi um crime que não existe recompensa material que possa suprir. Eu não queria ser duas pessoas. Queria ser uma pessoa. Mas não me perguntem nesta altura da minha vida, quem eu gostaria de ser; se Maura ou Teresa. Não tenho resposta para isso.

E há sérias consequências na vida quando nossa identidade passa pela adoção. Porque temos um passado que não conhecemos, uma história que está dentro de nós desde a gestação e que aparece na nossa memória afetiva e não conseguimos explicar. Crescemos com dúvidas que desconhecemos origem, sentimentos que não estão conectados a nada.

E se não é com você, claro que não entenderá, mas poderá perceber a partir daqui, principalmente se adotou ou deseja adotar uma criança.

Somos seres sozinhos. Nascemos assim e não dividiremos o caixão com mais ninguém. Quando "baixamos sepultura" vamos só novamente.

Mas temos a nossa verdade, aquela que carregamos espiritualmente e fisicamente, única, que faz parte de uma cadeia de DNA já definidos, imutável. Definida pela estrutura de criação do Altíssimo, quando há a decisão de adotar uma criança, há de ter a decisão da verdade também. Adotar uma criança não pode ser uma desculpa inconsciente de querer fazer o bem. Fazer o bem, está em muitas formas no Universo. Adotar uma criança é trazer para o reconhecimento do seu DNA um DNA que não é o seu, mas que poderá conviver e amar e ser amado sem conflitos. Basta a verdade.

A Lei Nacional da Adoção, nº 12.010/2009, incluiu o direito à revelação da origem biológica no Estatuto da Criança e do Adolescente (Lei 8.069/90).

> Artigo 48: "O adotado tem direito de conhecer sua origem biológica, bem como de obter acesso irrestrito ao processo no qual a medida foi aplicada e seus eventuais incidentes, após completar 18 anos". Parágrafo único: "O acesso ao processo de adoção poderá ser também deferido ao adotado menor de 18 anos, a seu pedido, assegurada orientação e assistência jurídica e psicológica".

Infelizmente, nem todos os adotantes respeitam este direito dos adotados e apresentam inúmeras justificativas para permanecer no silêncio.

Estava trabalhando em um projeto do Ministério da Saúde em uma cidade do interior do Tocantins e, do nada, a enfermeira que me auxiliava começou a chorar. Mesmo antes que eu perguntasse, ela começou a contar que há doze anos atrás havia adotado uma criança e que agora tinha muito medo de que esta criança quisesse conhecer sua família biológica, porque, como ela mesma disse, tinha medo de perder o filho que buscou com tanto amor.

Imediatamente coloquei o link da Record no meu celular e mostrei a minha história que, até então, ela desconhecia. As lágrimas secaram e um sorriso brotou de confiança, brotou dos seus lábios.

O amor não tem medos.

A verdade não tem metades.

No dia seguinte, ela me procurou para contar que havia mostrado o vídeo da minha história para o filho dela e que ambos conversaram muito e decidiram que iriam buscar o encontro com a família biológica para que todos pudessem viver e conviver sem o peso das incertezas que podem nos levar a mentiras.

Há outras situações onde a verdade foi dita, mas a aproximação torna-se impossível por diversos motivos. Mesmo assim é necessário que os adotantes reconheçam que saber a nossa origem é como obter uma carta de alforria para sentimentos vazios que nos permeiam pela vida quando não pudemos estar e crescer em nossas famílias biológicas.

No Isolamento Compulsório da Hanseníase outras formas de adoção aparecem, como o caso de uma amiga, que desde pequena sabia da adoção, mas também precisou conviver com o fato de que seus pais adotivos eram pacientes de Hanseníase tanto quanto os biológicos, com a diferença de que estavam fora da colônia. Mas ela sabia que seus pais estavam lá dentro, que não podia visitá-los, até que a partir de 1986 houve a liberação das colônias e, com a morte dos pais adotivos, ela iniciou o caminho de volta na juventude, participando da vida de seus pais dentro da colônia, mas encontrando muitas dificuldades no relacionamento familiar porque a realidade que viveu com a adoção não podia ser equiparada à realidade que possui. Assim, há conflitos e muito sofrimento para ela que, como eu, convive com duas certidões de nascimento também.

Algumas crianças também foram "adotadas" pelo Dr Lauro de Souza Lima que, sem filhos, detinha um cuidado especial com algumas crianças que estavam internadas na antiga colônia de Guarulhos em São Paulo, o Padre Bento. Estas adoções não foram legítimas porque ele não transferiu os nomes para o seu nome, mas todos eles foram criados por este médico, grande referência hospitalar da época. Os danos emocionais para estas crianças também foram infinitos, pois sabiam de seus pais biológicos e não lhes permitiam nenhum contato.

A pedido de uma família do interior de São Paulo, busquei os dados familiares de um filho separado criado pelo Dr Lauro de Souza Lima, pois ele queria ter a história de sua família, mesmo que a história fossem dois prontuários médicos de pacientes de Hanseníase internados à força. Em 2016 a família veio buscar os prontuários e somente ali descobriram, com as cartas da mãe deste filho separado, que ela sempre quis vê-lo, mas era impedida e a história que contavam para ele era que os pais nunca haviam perguntado sobre ele. Na presença dos netos ele pode conhecer sua verdadeira história e saber que sua mãe morreu sem a oportunidade de vê-lo, mas que sempre o amou, já que ele viveu uma vida inteira com a mágoa de saber, por meio de mentiras, que sua mãe o havia abandonado.

Vai adotar uma criança? Reflita se conseguirá adotar a verdade em primeiro lugar.

Verdade é como injeção: dói mais na picada. Depois sara.

Nunca pense que sua verdade é a mesma do outro.

Cada pessoa tem uma história e o direito de conhecer todos os detalhes, sejam eles quais forem, porque fazem parte de si mesmos e ninguém consegue tirar, embrulhar e jogar fora.

Um dia a verdade surge, mesmo que sozinha surge, porque o DNA não é estático. Ele permanece fluindo e aproximará as pessoas em alguma oportunidade.

A vida é uma energia que flui no Universo e, portanto, não é nossa propriedade.

Conheci 4 irmãos biológicos: duas mulheres e dois homens.

Marisa e Elza eu conheci enquanto ainda era vivo meu irmão afetivo, minha maior referência de ser humano até então, porque era meu irmão, de verdade. Porém, em 2016, quando conheci meu irmão biológico Luiz Paulo, o irmão afetivo ainda era vivo, mas já muito doente. Então, não pude fazer as conexões que tanto desejava, porque minha dedicação foi integral ao afetivo. Em junho de 2017, meu irmão afetivo se foi. E eu ainda não conhecia meu irmão Mario, o último que faltava, daqueles que sabemos existir.

E em março de 2018, conheci o Mario. Ele veio no melhor momento que poderia ter vindo, porque eu havia perdido minha referência de irmão até aqui, já que Mauricio havia partido em junho de 2017 e enfrentava a perda de sua esposa também, no mesmo momento em que Mario chegava ao Brasil.

Foi uma luta de titãs dentro de mim.

Mas o Mario e seu jeitinho manso me cativou tanto, me acolheu tanto, que entendi o plano de Deus: ele vinha como mensagem porque, dali para frente, todos que me criaram e me amaram, tinham partido e eu deveria seguir adiante, me preparando para uma convivência biológica que ainda é muito difícil e acredito, irreparável, porque os laços não existiram e deverão se iniciar em algum momento. Estou aberta para estes laços, mas meu compromisso afetivo é imensuravelmente mais forte, se é que podem me entender e me perdoar. A adoção é o laço espiritual infinito. Não se partirá jamais!

Presente de Deus? Com certeza sim.

E Mario chegou carregado de Deus no seu coração e tivemos a oportunidade de passar horas conversando, trocando idéias e descobrimos muitas semelhanças entre nós. Meu coração acalmou. Senti que Deus veio pessoalmente, dentro do meu irmão, para me certificar de que tudo na vida tem o melhor propósito possível Neste momento, meu irmão biológico Mario, veio cheio de meu irmão afetivo Mauricio. Foi assim que espiritualmente aconteceu!

As Carpas (Koi)

Pensem como me sinto: falar de uma doença que modificou o eixo da minha vida mesmo eu não sendo doente; uma doença que biblicamente é esquecida e amordaçada diante do uso religioso que fazem dela, nas conveniências de cada denominação; uma doença que ajudou a política repressiva de muitos países pelo mundo, encarcerando e jogando a chave fora, deixando milhares de pessoas se descobrirem isoladas e abandonadas; uma doença que, em pleno ano de 2017 precisa de muita luta e trabalho para abolir o estigma e, por meio disso, ter o direito da inclusão digna nas políticas públicas que sempre fogem do sentido humano que a medicina deveria preservar.

Falo da Hanseníase.

Acima de tudo, falo das questões sociais que a Hanseníase carrega e que continuam em seus familiares, principalmente naqueles que, como eu, tiveram a vida decretada ao nascimento nas ex-colônias, sendo jogados e entulhados em orfanatos que denominaram preventórios, educandários, mas que eram, como devem ser até hoje, apenas instituições fechadas.

Então, enquanto o Brasil viveu, entre as décadas de 20 a 80 do Século Passado, o horror do Isolamento Compulsório, filho de doente era descartado ao nascer e esquecido. Além do que, eram estudados e serviam de ratos de laboratório para que se provasse que aquelas gerações não prestariam para nada.

Mesmo assim, os responsáveis por nos guardarem e nos tutelarem, sem embasamento jurídico algum, nos vendiam para famílias que desejassem adotar crianças ou simplesmente nos "cediam" para pessoas que buscavam empregadinhas, nos espalhando pela Europa, principalmente Itália e pelo Brasil afora, trocando nossas identidades, nossas existências, com a repugnante desculpa que faziam isso para nosso bem.

Muitos foram levados para dentro das instituições de menores infratores porque não havia espaço suficiente para abrigar todos e conviveram com a criminalidade e o abandono familiar e do estado como réus e não como vítimas deste sistema imundo.

Nos resta, como ex exilados, unir esforços, contar nossas histórias, refazer caminhos.

Apesar do sofrimento ou por ele mesmo, somos fortes e caminhamos por qualquer asfalto que a vida nos impuser, onde provavelmente podemos ser comparados a esta lenda das carpas que escrevo a seguir.

Existe uma lenda muito interessante a respeito das carpas

Segundo esta lenda, muito antiga por sinal, a carpa tinha que atingir a fonte do rio que corta a China, o Huang Ho (Rio Amarelo), na época da desova. Para isso, tinha que nadar contra a correnteza e saltar cascatas até à montanha Jishinhan.

A carpa que alcançasse o topo tornava-se um dragão.

Por causa dessa crença, acredita-se que uma carpa subindo a correnteza de um rio significa força, coragem e determinação para alcançar objetivos e superar dificuldades.

Já uma carpa descendo significa objetivos alcançados ou metas cumpridas.

Por causa desse exemplo de superação, muitas pessoas escolhem o desenho da carpa para tatuarem em seus corpos.

Ainda não nos transformamos em dragões.

Nós, filhos que fomos tirados de nossas famílias biológicas pelo Isolamento Compulsório, ainda estamos subindo o rio. Há muitos perigos. Pedras que desafiam nossa subida à justiça indenizatória porque para muitos é conveniente que permaneçamos apenas em luta e não em vitórias;

estigma duro e cruel, na quinta geração, quando descobrem que somos filhos de pacientes de Hanseníase, fechando portas e obstruindo nosso direito a uma digna ascensão social; governos corruptos e consequentemente omissos nas questões exclusivas e discriminatórias; políticas públicas apertadas e difíceis de serem cumpridas.

Mas estamos subindo o rio. E não se esqueçam que, uma das características interessantes das carpas, é que elas podem adaptar seu tamanho de acordo com o meio em que crescem.

Já sabemos que a Hanseníase tem cura.

Agora, subimos o rio, todos juntos, para provar que o preconceito pode ter remédio e que nossa união significa uma força interior incontrolável, de cumprir, de pisar as estradas que não foram antes pisadas. Somos fortes e somos nós mesmos.

E, como dragões, alcançaremos a vitória pela qual ainda permanecemos, até instintivamente, como as carpas, vivos.

E desceremos o rio para dar ciência ao mundo que a opressão somente é eterna naquele que não percebe que seu tamanho pode ser maior que o opressor.

Era uma vez verdade

Estas histórias não possuem lapso de tempo porque devem ter acontecido sempre na vida de muitas crianças e não vou me espantar se ainda acontecerem enquanto estou, nesta manhã gelada de final de maio, escrevendo. O frio, o sono, cansaço....

Nada me deixou dormir.

Ainda ouço aquela senhora de meia idade, que um dia foi criança, chorando baixinho e apontando para um canto da sala, como se as caixas de papelão ainda estivessem empilhadas ali.

Quando escrevi "Nascidos Depois", queria falar da minha dor, da minha angústia e com algumas outras histórias que ouvi, iniciar um caminho de volta para resgatar a minha origem biológica e denunciar as injustiças cometidas ao longo de décadas com os filhos de pacientes de Hanseníase que foram isolados compulsoriamente e obrigados a entregar seus filhos para a tutela do Estado como se fossem criminosos.

Agora, dentro da minha própria história, por meio do trabalho, meu coração tem recebido inúmeras histórias, visitado muitos lugares onde tudo isso de fato aconteceu, conhecido milhares de personagens reais do sofrimento e dor de uma separação que não poderia ter acontecido.

Eu me compadeço com cada irmão de luta, choro com eles, nos abraçamos em dores apertadas, mas perseveramos neste caminho que precisamos seguir, certos de que não lutamos em vão.

Em lágrimas coletivas, que rolam de nossas faces a qualquer momento, em qualquer lugar, desejamos ser a realidade que não descansa, com o objetivo de acolher as injustiças e transformá-las em lições de vida para que nunca mais tenhamos que presenciar crianças em estado de abandono e indiferença, jogadas em instituições que jamais poderão substituir o lar.

Fomos separados porque já estávamos escolhidos!

Estávamos escolhidos, inclusive, para ter medo, quando crianças, de caixas de papelão, porque elas sempre estavam no mesmo lugar, na mesma sala escura onde um adulto nojento castigava filhas separadas entrevistadas em um estado do sul do Brasil e que guardam essa triste lembrança de tempos irremediáveis.

Compadeço com todo tipo de preconceito e abandono.

Não existe paz enquanto milhares de famílias se separam e, em botes, fogem de injustiças e da fome, lançados ao mar por traficantes e resgatados do outro lado do mundo, quando sobrevivem, por países que fecharão os olhos à escravidão humana, que renasce neste mundo com todos os traços de selvageria que no passado existiram.

Não existe paz enquanto as raças forem discriminadas pelo tipo e cor de pele, olhos, barba, narizes....

Não existe um cantinho neste mundo que possa haver paz enquanto os passados não forem o exemplo para o presente e a preservação de um futuro, se acaso houver.

O meu passado precisa ser divulgado para que as pessoas sintam que estas coisas não acontecem distantes de nossas fronteiras, mas no interior de nosso país também, porque cada vez que desejam internar um viciado em drogas compulsoriamente, aproveitando para isso, inclusive, as ex colônias de Hanseníase, o terror da realidade que me nasceu reaparece e tenho muito medo, muito receio de que a sociedade e a imprensa, que na minha época admitiu e aplaudiu o isolamento compulsório, volte a exercer a mesma pressão social e o caos retorne com mais força.

Todas as casas têm o direito de serem habitadas por suas famílias.

Se esta frase nada significa para você, olhe para o seu lar e imagine como viveria sem ele.

Que histórias são essas?

Entre as décadas de 20 a 80 do Século Passado, ou antes e até um pouco depois, todas as pessoas que eram diagnosticadas com Hanseníase (Microbacterium Leprae), viam-se obrigadas à internação compulsória em colônias construídas para esta finalidade ou que já existiam, como no caso do Maranhão, Colônia do Bonfim, já existente para isolar os escravos em quarentena, antes de serem enviados ao mercado para serem vendidos.

Portanto, a história de terror não tem mesmo data.

Apenas vai se repetindo todas as vezes que a tal sociedade dominante se sente ameaçada em seu poderio intermitente de reprimir os que são considerados menores.

E por conta deste isolamento forçado, as famílias se desintegravam ali, no momento da internação. Os filhos menores eram enviados a instituições mistas, ou seja, que abrigavam outras crianças, ou para instituições também criadas com o objetivo de "recolher" os filhos de leprosos, em uma atitude altruísta em considerar que, naquela situação, poderiam mesmo dar um lar aquelas crianças.

Infelizmente, a "boa vontade" das damas da sociedade terminava onde começava: ajuda financeira para a manutenção destes educandários, festas de datas importantes como Natal e aparecer em fotos amplamente divulgadas como boas samaritanas, afagando rostinhos e cabecinhas de todos nós, os filhos separados, manchados pela hereditariedade de fazerem parte de uma família que tinha pessoas doentes.

Desta forma, as crianças iam sendo enviadas a estes locais e muitas, muitas mesmo como eu, nasceram dentro destas colônias e eram arrancadas do contato materno segundos após o nascimento.

Com milhares de internações de pacientes de Hanseníase que não tinham tratamento adequado, já que não se conhecia cura, famílias ficaram do lado de fora destas colônias e outras foram se formando dentro delas. E cada vez que um casal formava uma família, dentro ou fora das colônias, nasciam crianças marcadas pelo estigma.

Dentro das instituições que recebiam estas crianças, não havia quadro de funcionários adequado para acolhê-las e o próprio preconceito transformava a vida de todos os pequenos seres em uma mercadoria barata, mas que tinha comércio e muitos foram vendidos, doados, mortos, desaparecidos. Não se poderá nunca saber de fato quantos fomos, porque os anos e décadas de sofrimento e a falta de documentação adequada para nos identificar biologicamente, com certeza deletaram muitas vidas desta realidade.

E aqueles que estão vivos, em uma grande parcela, lutam para encontrar seus laços familiares de sangue, em uma busca que nem sempre dá resultados.

Assim, somos os "Filhos Separados pelo Isolamento Compulsório".

Nascemos de ventres maternos como todos os seres vivos, mas em uma grande maioria dos casos, não sabemos quem são nossos pais biológicos, se temos irmãos, onde nossa vida começou. Alguns conseguem manter uma estrutura interna suficiente para levar esta dúvida sem muitos danos pessoais aparentes, mas danos existem sim.

Outros não conseguem suportar o passado e precisam de ajuda.

Milton Jorge de São Paulo nos conta que as religiosas da Associação Santa Terezinha se referiam à mãe dele como prostituta e assim lhe deram a notícia da morte de sua mãezinha, com quem teve dois ou três encontros rápidos durante sua infância.

No meio da rua, em algum lugar da vida, estas histórias ficaram sem meio e sem fim, porque começo todas tiveram. Em algum espaço de tempo e lugar, estas crianças hoje adultas, possuem parentes, uma casa, um ponto de referência, que foram totalmente destruídos pela separação compulsória.

Dirce, de São Paulo não sabe até hoje onde começou sua história, quem foram seus pais, tios, avós, primos. Ao sair da Associação Santa Terezinha, para não morar na rua, foi conviver com um rapaz também filho separado e engravidou. No primeiro mês desta criança, com fome e muita chuva, a criança adoeceu e ela bateu na única porta que conhecia, o preventório e foi convencida a deixar seu filho lá por uma semana. Nunca mais encontrou este filho e busca, desde então, há quase trinta anos, o filho que lhe arrancaram dos braços.

Como parte de tudo isso, me comprometi a trabalhar enquanto permanecer viva, para encontrar, por meio de projetos e parcerias, estas conexões.

O primeiro passo para que pudéssemos formatar a realidade documental, foi o Projeto Rastreando, criado aqui no Estado de São Paulo, com a colaboração e parceria da Fundação Paulista contra a Hanseníase, Dra Wagner Nogueira, Dra Mary Lise Marziliak de Carvalho, Tanya Lafratta, Lindaura Rodrigues Cassimiro e a Divisão de Hanseníase de São Paulo.

Por meio do projeto, pudemos identificar locais que foram utilizados como educandários de forma até então desconhecidas. Contatamos os locais conhecidos: Associação Santa Terezinha em Carapicuíba e Fundação Cultural Jacarehy, que arquivou os prontuários do educandário local.

Com um investimento mínimo e muito trabalho, encontramos onze preventórios clandestinos e terminamos por encontrar uma grande população de filhos separados em Itobi, cidade ao lado de Casa Branca onde havia uma ex colônia. O encontro destes filhos foi uma grata surpresa, porque são pessoas que, apesar de todo o sofrimento que passaram nos preventórios, conseguiram estruturar suas vidas e ao mesmo tempo manter a história viva. Basta dizer que hoje, Itobi tem um prefeito que foi filho separado. Mas nossas sequelas que não aparecem porque estão dentro de nós, continuam.

Esta experiência dentro do Estado de São Paulo, foi o início de um caminho que precisava retomar a reflexão do meu papel em tudo isso.

Estar em constante luta por uma indenização me tirou literalmente do chão, já que viajávamos constantemente e este "estar em todos os lugares por um dia" me mostrou que eu precisava disso para conhecer a minha história na história de todos, mas havia muito a fazer e o melhor seria me colocar disponível para o todo, onde as questões da Hanseníase enquanto doença carregada de estigma, precisava de ações mais pontuais. Começava a nascer a idéia do Hansenpontocom enquanto organização social para esta finalidade.

Em novembro de 2014, comecei a idealizar o Projeto Hansenpontovom, sem nenhuma pretensão filantrópica, até porque, como Assistente Social, sei que muitas vezes a tal filantropia, na verdade, esbarra na qualidade dos serviços a serem prestados e se confundem com ideais pouco explicáveis.

O Projeto Hansenpontocom é a reunião de pessoas engajadas nas questões da Hanseníase, que desejam dedicar seu tempo e conhecimento, para orientar, acolher, capacitar e compreender o paciente e seus familiares, na realidade social que esta patologia apresenta.

Assim, temos alguns representantes pelo Brasil e destaco a dedicação de Irene Reis no Pará.

Não trabalhamos com verbas públicas, mas com esporádicas doações, o que pode, a princípio, travar nosso desempenho, mas nos tranquiliza enquanto prestação de contas e o uso inadequado do dinheiro público.

Não precisamos de muito para trabalhar.

O que nos engessa às vezes, são viagens que não podem ser feitas e atrasam nossos atendimentos, mas sempre conseguimos atender os que nos procuram, de um jeito ou de outro a ajuda é feita.

Com o Projeto Rastreando, que foi o primeiro colocado na 13 EXPOEPI, conseguimos identificar os preventórios, educandários e orfanatos que receberam filhos de pacientes isolados e fomos mapeando os caminhos a serem percorridos.

Em São Paulo, este trabalho possibilitou salvar os documentos de milhares de pessoas na mesma realidade que eu e atualmente seus documento e prontuários estão disponíveis no Arquivo Público do Estado e na Fundação Jacarehy. Este trabalho demorou cinco longos e cansativos anos.

Nos outros estados, o empenho tem encontrado muitas dificuldades de existir.

A questão era e sempre foi a preservação de nossas identidades biológicas.

O Projeto Rastreando abriu as portas para o Projeto Hansenpontocom, fundado em novembro de 2014, que tem como missão o acolhimento social de todos os pacientes, ex pacientes e familiares de Hanseníase, por meio de um grupo de pessoas que, ao conhecer minha história e consequentemente a história de todos que convivem com a Hanseníase, formaram uma equipe capaz e preparada para o enfrentamento diário a que somos submetidos com várias solicitações.

Cuido pessoalmente e em tempo integral, via internet e redes sociais, de cada solicitação e queixa que nos chega e vou partilhando com meus colaboradores, até encontrarmos um caminho seguro e eficiente para aquela dor.

O Hansenpontocom é uma organização para trabalhar em projetos que objetivem diminuir os casos de Hanseníase com informação, orientação e acompanhamento, envolvendo a sociedade nestas questões e não utilizando dinheiro público para isso. Onde nos chamarem, faremos o possível e o impossível para estarmos presentes, adaptados aos sacrifícios materiais e humanos que as causas verdadeiras sempre enfrentam. Apoiamos TODAS as inciativas de TODOS os filhos separados do Brasil que lutam, autonomamente, ou seja, sem estarem ligados a nenhuma instituição ou partido político, pelos direitos a uma reparação financeira e moral, porque vivenciamos a triste experiência da separação da identidade biológica e temos consciência do direito à convivência familiar biológica também. Acreditamos que TODOS somos líderes de nós mesmos e não precisamos estar ligados a uma ordem de comando. No Hansenpontocom, cada um sabe o que fazer com o seu comprometimento nas causas da

Hanseníase.

Por este respeito à individualidade e liberdade de expressão e pensamento de cada um, nos damos o direito e a obrigação de estarmos ao lado de todos aqueles que sentimos, estão dispostos a trabalhar pelas questões da Hanseníase sem pretensões ideológicas ou marqueteiras, porque o que precisa BRILHAR, ACONTECER E CAUSAR, são os trabalhos que levem dignidade, saúde e qualidade de vida aos ex pacientes, pacientes e familiares que são vítimas do estigma e abandono da Hanseníase. (www.facebook.com/hansenpontocom)

A dor foi transformada em trabalho e o trabalho tem amadurecido a nossa consciência crítica sobre as questões que envolvem o estigma social desta doença, nos permitindo direcionar todos os esforços para a informação, a participação da sociedade e o comprometimento.

Um foco importante que o Projeto Rastreando sinalizou, foi que alguns familiares de pacientes isolados também ficaram doentes e não foram tratados em órgãos públicos, o que significa dizer que são casos não notificados e, portanto, não constam nas estatísticas formais.

Então, a não busca ativa por falta de notificação, me dá a nítida impressão de que os pacientes de

Hanseníase são muitos e o bacilo passeia em descontrole, infelizmente.

Se quando separaram os filhos dos pacientes internados, tivessem a responsabilidade de cadastrar e manter estes cadastros atualizados, teriam, apesar do crime histórico, evitado a desagregação familiar e estabelecido metas capazes de identificar os caminhos do bacilo e proteger comunicantes, estancando o volume de casos que se transformam em uma triste falência da saúde pública até hoje. O mal que nos causaram, pelo menos, teria sido "necessário".

Em muitos estados do Brasil os prontuários destas crianças exiladas foram simplesmente queimados, desapareceram, sumiram.

Os casos diagnosticados que não foram acompanhados, mesmo após as notificações oficiais, se perdem principalmente no norte e nordeste por ineficácia dos poderes públicos, que sem critérios, não formam equipes multiprofissionais adequadas para atender, de fato, toda a população.

Então, temos estados eficazes em cadastros e acompanhamentos, como São Paulo, mas precisamos prever que estes pacientes, mesmo isolados, fugiam e outros, escondidos, buscavam outros estados, havendo um trânsito constante entre Minas Gerais e

São Paulo, por exemplo, casos que comprovei ao buscar, acidentalmente, a paternidade de Milton Jorge, já que uma semelhança física o fez duvidar de quem era filho e nos certificamos que sua mãe, ao fugir de uma colônia em São Paulo, encontrou um paciente em Minas Gerais e assim ele nasceu, mudando completamente sua história.

Vamos encontrar também pacientes isolados, mineiros, que tiveram seus filhos transferidos para o estado do Rio de Janeiro. Filhos estes que, em alguns casos, se transformaram depois em pacientes, mas permaneceram no Rio de Janeiro onde novas famílias se formaram sem conhecer a origem da família em Minas Gerais.

E quando você começa a mexer, percebe que tudo foi tão rejeitado e abandonado, que muitos casos ficarão sem o reconhecimento de suas histórias.

A realidade hoje dos pacientes, ex pacientes, familiares, ex colônias, perpetuados pelas marcas físicas, mas muito mais, perpetuados pelas marcas e feridas do sofrimento e da exclusão, ainda nos reporta ao passado diariamente.

O Brasil da Hanseníase, já enfrentou e enfrenta muitas doenças, que são caracterizadas pelo preconceito, mas que, aos poucos, tomam seu espaço na sociedade e conseguem sobreviver, emergir do excluído para o incluído.

Mas o Brasil da Hanseníase não consegue sair da Hanseníase, entalado em políticas públicas que não avançam, não abraçam para si todas as questões que o Isolamento Compulsório e as afirmações negativas e até milenares se colocam à frente.

Somos um país com milhares de casos novos por ano, lidando ainda com os casos que restam do passado e com uma quinta geração de familiares que exigem respostas do governo federal sobre as imposições negativas do passado, que refletiram em cada geração nova.

Não falo mais de filhos de pacientes. Falo de netos e bisnetos que permanecem com aquele direito que nós não tivemos de conhecer a vida de seus avós e bisavós, saber onde estavam, por que foram abandonados, onde estão seus bens do passado, seus documentos pessoais, sua história, porque a família tem o direito à sua história e nisso ninguém pensou quando resolveu se desfazer de cada doente.

Como reunir tudo isso, se as décadas foram queimando e destruindo livros e papéis, alguns ainda salvos por pura sorte do destino? Com tantos estados no Brasil, como explicar que São Paulo guarda responsavelmente a história, Bambuí, em Minas

Gerais teve o cuidado e o respeito pelos nossos documentos e de nossos pais enquanto os demais nem sabem que ela existiu?

E se sabem, pouco se importaram com a vida destas pessoas, amparadas em lei pelo direito personalíssimo ao nome.

Estou tentando passar esta história a limpo, doa na consciência de quem tiver que doer.

Não nos pouparam quando nos jogaram em orfanatos e não me sinto na obrigação de poupar ninguém e deixar que a omissão me acompanhe no túmulo, como muitos fizeram, porque busco justiça, palavra fácil de pronúncia mas distante de decisões rápidas e urgentes para corrigir um passado que ainda grita por respeito e humanidade.

A imagem muito clara do que foi um domingo de sol, com pessoas doentes e outros não, parecendo um almoço comunitário, onde ao final da tarde muitos se despediram e outros ficaram, esteve indecifrável em minha memória afetiva por mais de quatro décadas, porque não conseguia encaixar a imagem com a minha vida. Por que, quando os que pareciam sadios se foram, eu fiquei? Não pude sair de onde estava? Não pude mesmo sair naquele domingo; eu estava na barriga da minha mãe e ela estava internada no Santo Ângelo.

Meu berço amarelo. Lembro dele muito bem. E pequena, muitas vezes febril, via muitas pessoas de branco em volta de uma mulher deitada, que gritava e pedia, enquanto uma criança chorava ao fundo, que não levassem. Eu sentia muita dor quando via esta imagem e, mais uma vez, não existia encaixe para ela. Foi o meu nascimento.

O resgate da minha memória afetiva foi fundamental no meu processo de auto conhecimento, porque possibilitou revisitar, compreender e digerir situações que bloqueavam o meu seguir adiante. Eu era uma pessoa paralisada, muda, impensável.

Hoje, após conhecer minha origem, meus registros pessoais fazem sentido.

Desatei nós que estavam depositados no fundo da alma, dolorosos, que me travavam na vida comum, porque eram irreconhecíveis no contexto de vida que tinha.

O meu exemplo é para demonstrar que a injustiça praticada pelo governo na época do Isolamento Compulsório, não tinha efeitos tão somente imediatos. Eles acompanhariam suas vítimas para sempre.

Quando eu conto esta história em palestras, as pessoas ficam surpresas... Como assim?
Mas foi assim.

Não houve tempo para nada.
Simplesmente trocaram o nosso berço por cestinhos ou caixas de sabão; a nossa casa por instituições fechadas denominadas preventórios; família por religiosas; prováveis bens materiais por pobreza extrema; nomes biológicos por adoções irregulares; o direito constitucional de ser um cidadão brasileiro por uma denominação criminosa: "ninhadas de filhos de leprosos".

Bastou uma lei; umas três ou quatro linhas, para definirem nossas vidas e mancharem de vergonha e humilhação uns milhares de brasileirinhos, indefesos, jogados em mãos desconhecidas, sem aleitamento materno, para locais de onde sairiam, sem direito a perguntas, na maioridade, para a rua.

Sim, abriam os portões e aqueles que não haviam sido vendidos ou adotados iam para a rua. Muitos também foram, em São Paulo e no Rio de Janeiro, para instituições de menores infratores (FEBEM), porque não havia vagas suficientes nos preventórios.

E como não tivemos o beijo de nossa mãe no primeiro dia de aula; o bolinho de aniversário com o carinho da família, também não tivemos tempo para seguir ideologias, sair às ruas pelo fim da ditadura, empunhar bandeiras ou até armas.

Não fomos presos políticos e, portanto, não fomos incluídos na Comissão da Verdade, que apurou apenas aquela verdade: legislar em causa própria.

E desta forma, não recebemos indenização por torturas cometidas na repressão, mas fomos torturados, coincidentemente, na mesma época e muitas décadas antes. Mas não em quartéis ou prisões; em orfanatos.

Não. Nós ficamos mesmo nas ruas ou em casas de desconhecidos, que nos "pegavam aos montes" de dentro dos preventórios e nos faziam de escravos, empregadas domésticas, permanecendo na escuridão da ausência de respostas, da incompreensão de uma orfandade sem justificativa. E aquele governo fazia de conta que não sabia disso.

Alguns de nós foram apresentados a seus pais, mas nunca puderam conviver como uma família, porque o início de tudo isso, no nascimento, havia despedaçado, de vez, qualquer proximidade.

Cada filho separado sobreviveu como pode e como deu.

Repito: não empunhamos bandeiras ou armas. Estávamos nas ruas deste país sim, mas em busca da sobrevivência, de matar a fome, a sede, o frio ou o calor; de ter uma troca de roupa ou um cantinho para se abrigar.

Os abusos sexuais e as torturas que muitos sofreram, não foram cometidas por soldados do exército, por generais da época, mas por aqueles que eram pagos pelo governo, para tutelar. Não tutelaram: fizeram de muitos de nós uma mercadoria fácil, de consumo rápido. Portanto, no nosso caso, não houve anistia também. E muito menos uma tal de Comissão da Verdade. Quisera sermos indenizados ainda neste governo... Permanecemos como párias.

E assim profetizava Dr Floriano de Lemos em 1939. Eles sabiam que estavam cometendo um dos maiores erros da história deste país, mas não se soltaram do conforto de suas cadeiras estofadas para ao menos "imaginar" o que acontecia com todas estas crianças.

Não imaginaram que, além de nós, estariam sacrificando a erradicação da Hanseníase no país, porque ao nos separar, separaram também as possibilidades de conexões da patologia com nossas origens e identificar cientificamente começos, meios e finais dos caminhos desta doença pelo Brasil.

Na verdade, estraçalharam tudo!
Espalharam tanto que, para juntar, não vejo como.

Até hoje, muitos de nós não sabem quem foram seus pais, onde de fato estiveram durante a infância, como chegaram até aqui. Telefonam em busca de um irmão ou de um pedaço de papel que prove, nasceram em algum lugar e são filhos biológicos de um homem e de uma mulher. E isso dói. Isso sangra e machuca.

Agora, a dor está se transformando em revolta. E não porque optamos por ela, mas sim pela mão que parecia estendida que o governo acenou em 2010, 2011, 2012, 2013, 2014, 2015, 2016.... E foi "acenando", resolvendo outras injustiças sociais que não foram a nossa, como se ainda estivéssemos dentro dos preventórios e ninguém fosse ouvir o nosso clamor; como se fôssemos presos políticos da ditadura, em porões abafados, onde ninguém imagina que estamos.

Hoje uma pequena parcela da sociedade conhece a nossa história, mas a esquecem assim que terminamos de contar. A mídia tem feito boas pautas, mas elas também ainda não resultaram em algum movimento positivo. As redes sociais falam de todos nós, mas se for colocado um link para os seguidores abrirem, alguns curtem sem ao menos se interessar pelo fato. Tudo espalhado.

Há inúmeras teses defendidas por profissionais capazes, que nos avalizam. Mas estes inúmeros trabalhos acadêmicos apenas satisfizeram as notas para colar grau de alguém. Usaram nossas histórias, confidenciais inclusive, de relatórios e as expuseram simplesmente para obter notas exemplares, mas que nunca se incomodaram em conhecer, de fato, quem fomos nós. Usaram nossas histórias para adquirir bens pessoais, títulos acadêmicos, mas não sabem, de fato, quem somos nós. Então me pergunto: pra que? Apenas um profissional, a quem agradeço o excelente trabalho, foi capaz de perceber nas entrelinhas que compunha para sua tese, o quanto injusto tem sido tudo isso. Obrigada Dr Luiz Augusto Curado Junior.

Voz pela Justiça

Luiz Augusto Curado Junior, em seu trabalho de tese, cujo título é **"Responsabilização Civil do estado perante os portadores de hanseníase e seus filhos internados em preventórios"**, trabalho este apresentado ao Centro Universitário de Brasília (UniCEUB/ICPD) como pré-requisito para obtenção de Certificado de Conclusão de Curso de Pós-graduação Lato Sensu em Direito Administrativo Contemporâneo aplicado à Gestão Pública com orientação do Professor Rui Magalhães Piscitelli, Brasília 2010, deixa claro no item 3 - RESPONSABILIDADE CIVIL DO ESTADO E SUA APLICAÇÃO NO CASO CONCRETO em texto de Odete Medauar (2009) que a responsabilidade civil do Estado diz respeito **à obrigação a este imposta de reparar danos causados a terceiros em decorrência de suas ações ou omissões. Se determinado fato acarreta responsabilidade de mais de uma natureza, as respectivas sanções são aplicáveis de forma cumulativa.** A sanção aplicável na responsabilização civil é a **indenização,** que se configura como o montante pecuniário que representa a reparação.

Não adianta: ouvem mas não sentem. Somente se fosse com a família deles. Acabou meu silêncio.

Não podemos mais dar sossego ou ficar ouvindo mi mi mis.

Precisamos correr atrás desta justiça; não vamos aceitar qualquer coisa; ninguém vai conseguir nos convencer de que existem assuntos mais importantes do que o nosso, porque a Lei 11.520, que pensiona os ex internos compulsórios de colônias, não conseguiu ser justa no meu entendimento.

O que se vê hoje são diretores de ex colônias retirando direitos adquiridos por aqueles que foram obrigados a morar e a se desfazer de suas vidas nestas terras sem fim, justificando falta de leitos e viaturas, centros cirúrgicos, pelo benefício da pensão, afirmando em muitos casos que eles não precisam mais porque recebem uma pensão mensal do governo.

A pensão não representa mínima parte do que cada pessoa que foi diagnosticada com Hanseníase no passado, suportou daqueles que os laçavam nas ruas e dentro das ex colônias em épocas de tratamento zero.

A pensão, a Lei 11520, abandonou os filhos destes pacientes e familiares ao não nos incluir no benefício e nos colocar na estrada por décadas neste momento, em busca de uma solução que possa abrandar a exclusão da maioria.

E atualmente, tentar via Projeto de Lei mexer no que está feito, significa, mais uma vez, enganar e mentir para todos nós, porque não fomos incluídos quando existia situação política para isso e muito menos seremos agora, onde o país se revira em carência moral e de caráter para poder reconhecer alguma coisa.

A Lei 11520 poderia ter conseguido inserir, inclusive, aqueles que tinham Hanseníase mas estavam no entorno das colônias, sobrevivendo do caos e fugindo do medo da prisão sem volta.

Limitou-se a beneficiar o óbvio e a esquecer os demais.

O óbvio já garantiria os votos. E garantiu.

Porém, o mundo dá voltas e agora eu sei o tempo perdido que foi, a saúde que gastei à toa, imaginando que seriam honestos tão quanto estávamos sendo com eles. A esquerda se perdeu com muita coisa e me decepcionou com o não fazer de nossa justiça.

Neste momento, seja lá qual for o lado que está no poder, nada fará, porque somos, a princípio, o lado fraco da corda. Mas não somos o lado fraco! Somos o voto e vamos permanecer na luta até que a justiça seja feita!

Entretanto, a justiça precisa ser plena.
Mas onde está ela?

Somos responsáveis por todas as histórias que ouvimos e presenciamos. Se o governo não se sente responsável, vamos fazer com que se sintam, pelo menos, na obrigação de cumprir com a palavra dada e empenhada. Não queremos saber sobre o orçamento da união, sobre os projetos do futuro, articulações políticas. Nas palavras do próprio governo: "abriram a tampa das injustiças e começam a sair muitas histórias para reparar..."

Queremos resposta para esta injustiça do passado!!
Sem ela, que futuro existirá?

Acho mesmo que cada filho separado tem todo o direito do mundo de agir por si se quiser, mas que façamos como fizemos até hoje: sem empunhar bandeiras ou armas, porque a nossa história é a ferramenta que abrirá as portas e os caminhos que tentaram nos impedir de entrar. A nossa determinação interior e união, fará a verdade prevalecer.

Não somos e não seremos "massa de manobra" de ninguém.

Se a Hanseníase e o Isolamento Compulsório, com a construção de colônias e educandários, enriqueceu muitas pessoas, agora daremos um basta nesta hipocrisia e estaremos atentos para que nos indenizem à altura do que fizeram todos passar e reconheçam que, até aqui, puderam esconder debaixo dos tapetes as mentiras ditas e as não ditas para todos nós. Porém, esta fase acabou e estaremos fiscalizando cada passo que o governo der em direção ou não do controle da Hanseníase no Brasil e nossa indenização por perdas e danos morais e posteriormente por crimes cometidos contra nossas vidas.

O sofrimento nos fez entender que, se fomos separados, fomos realmente escolhidos para lutar por uma herança justa e humana. E lutaremos.

Em fevereiro de 2016, conseguimos avançar nesta luta com a ação civil protocolada pela Defensoria Pública do estado do Maranhão, onde há a solicitação expressa da tutela antecipada e preservação de todos os nossos documentos, validada para todo o país. Finalmente o governo se transforma em réu. Não é uma ação indenizatória, mas tão importante quanto, porque faz o governo se obrigar a consertar e preservar o que ele até agora estava destruindo, pois a nossa documentação é fundamental para nossas vidas.

Em audiência no dia 11 de março de 2016, estivemos com uma equipe do governo, diante do Juiz, para entendimentos e formalização de ações, mas este governo sofreu impeachment, outra audiência ainda não foi marcada e vejo este processo caminhar de acordo com a vontade de uns poucos, por estradas que favorecem uns poucos e já não confio neste trabalho até ver totalmente completo. Há sempre muitas interferências nestas questões. Isto desanima, descontrola nosso foco, porque sempre precisamos estar fiscalizando o que fazem com nossas vidas.

Algumas instituições tomaram para si a titulação de "únicos" representantes das questões da Hanseníase e inflacionam um funcionamento jurídico e administrativo, com suas decisões que nunca passam por assembléias representativas de fato.

No rebate desta situação, atualmente existe uma mobilização nacional, individual mas acompanhada em grupo, de filhos separados se auto representando e indo ao Ministério Público Federal buscar participação nesta ação do Maranhão e até mesmo entrando com pedidos indenizatórios por meio de ações públicas cíveis. Isso é muito importante para o andamento deste processo e seu sucesso para todos. Não podemos entregar a terceiros, algo que precisamos resolver com nossas próprias mãos, porque somos os verdadeiros donos destas histórias e assumir nosso papel é garantir o respeito às solicitações que fazemos, sejam elas jurídicas ou não.

Continuamos a fazer história. Mas agora uma história de luta.

Todas as vezes que interpelarmos o governo, temos o direito da resposta.

Eu disse no início que este trabalho é, inclusive, perigoso. E exatamente para que não sofram retaliações ou a seus familiares, não darei nomes daqueles que tem sido guerreiros nesta luta e não se deixam levar por intimidações. Mas mantemos a segurança atenta e sempre nos precavemos para que nenhum mal físico ou moral decline de nosso comportamento, absolutamente normal e legal, porque se trata de nossa história e não da história de outros.

Não nascemos grudados uns nos outros e muito menos vivemos as vidas uns dos outros. Cada um precisa ser respeitado na sua individualidade, confidencialidade. Até aqui, estamos sendo tratados como uma grande caixa, onde o que pesa somos nós, mais de 30.000 brasileiros e não deixaremos mais que nos tratem como uma coisa, um problema, um assunto.

Quando uma instituição está de fato comprometida com a questão social que diz representar é sua obrigação fornecer ferramentas que façam de toda aquela comunidade atendida, cidadãos de verdade, orientando e fortalecendo a participação individual nos processos de busca e validação de seus direitos, agindo com transparência suficiente para que cada pessoa sinta-se livre para arbitrar sobre seu destino.

Formar grupos ideológicos significa manipular pensamentos e formas de ação e isso não é participação, porque o coletivo somente pode ser forte, quando o individual foi trabalhado para que cada um saiba, tenha consciência da sua importância na representatividade de seus direitos e deveres. E infelizmente, não é isso que acontece.

No Brasil, muitos grupos são formados a partir de uma raiz ideológica, que faz com que todos pensem igual mas não saibam por que pensam assim. Desta forma, buscam justiças que nem sempre atendem o grupo, mas diretamente atendem quem os formou, no claro interesse de manipulação de massas para um poder que não será partilhado depois. E tudo isso é observado no julgamento de causas. Muitas são perdidas porque não conseguem arbitrar suas necessidades reais e transformadoras, formalizando pedidos genéricos, que não identificam o cidadão, mas a organização a qual pertencem.

Na Hanseníase, o poder de poucos é muito claro, prejudicando há décadas o envolvimento político e social de muitas instituições estrangeiras inclusive, que poderiam estar colaborando diretamente na resolução de problemas que se arrastam há décadas, mas que de certa forma são preteridas porque outros se colocam à frente, sem cumprir seu papel transformador do todo, com ações visivelmente objetivadas na instituição e não na causa.

Justiça, onde está você?

Primeiro, isolou compulsoriamente pessoas que estavam doentes ou havia a suspeita da doença. Eternizou a Hanseníase como uma lepra social que até hoje não se cura, marcando os descendentes destas pessoas com separações que levaram tudo destas famílias, algumas se reorganizando por conta e risco próprios, sem atendimento e acompanhamento social, abandonados há décadas, seja dentro ou fora das ex colônias e se recusa a nos devolver a dignidade mediante uma indenização financeira que jamais poderá devolver o sofrimento passado, presente e futuro.

Justiça, afinal: a quem você serve?

A Saúde no Brasil e a Hanseníase

Seção II

Da Saúde

Art. 196 – A saúde é direito de todos e dever do Estado, garantido mediante políticas sociais e econômicas que visem a redução dos riscos de doença e de outros agravos e ao acesso universal e igualitário às ações e serviços para sua promoção, proteção e recuperação.

(Constituição da República Federativa do Brasil de 1988 – AASP, Associação dos Advogados de São Paulo, 2008 – páginas 132 e 133)

Considerar a saúde no Brasil como um tema independente, é, no mínimo, assassinar o direito e a história das pessoas, ser irresponsável e incapaz de exercer qualquer função como gestor. Sem saúde, um cidadão não consegue estudar, trabalhar, se manter, viver.

A saúde é um direito fundamental, garantido na Constituição Federal de 1988, a todos os brasileiros, independente de sua condição sócio financeira ou patologia diagnosticada.

E o que vemos sempre é o desrespeito à nossa Carta Magna, invertendo a ordem das prioridades, não acompanhando o crescimento populacional, as diferenças regionais e as necessidades básicas que deveriam ser atendidas, na ponta, por pessoal habilitado e em constante treinamento, para atender, acolher e orientar.

O preconceito começa exatamente na ponta, onde deveria terminar: nos balcões de atendimento das Unidades Básicas de Saúde. E ele continua após a consulta, quando um auxiliar de enfermagem que ministra a receita, "aconselha" o paciente de Hanseníase a não comentar sobre sua doença, em uma realidade dominada e baseada no medo.

Ora! Exatamente este atendente, pago com o dinheiro público e, portanto, pago também por aquele usuário que está em tratamento de Hanseníase, cria a situação de constrangimento e medo que não deveria existir, destruindo a autoestima em um momento delicado, que deveria, inclusive, ter atendimento multiprofissional, com Assistente Social e Psicólogo. E mais: será que todos estes profissionais recebem treinamento para a ação nos casos da Hanseníase? Ou apenas o atendente de enfermagem ou a enfermeira chefe participam de treinamentos, de reciclagens e não são suficientemente preparados para multiplicar o conhecimento? Conheço algumas unidades que não permitem a ausência do funcionário para reuniões e treinamentos porque não possuem pessoal suficiente para substituir. Não há investimento sério e comprometido nestas questões, que não são planejadas. Se não há interesse na validação de profissionais aptos para os cargos, os custos são inúteis e a saúde da população não vai sair desta situação de caos em que se encontra há décadas.

Avanços existiram sim, mas não diminuem as filas e a falta de atendimento. Então, está tudo errado ainda.

Ora, se o atendente administrativo, que está no primeiro contato com o usuário nas Unidades Básicas de Saúde, desconhece a Hanseníase ou mantém um comportamento preconceituoso ou indiferente à seriedade da questão, como é que se deseja transpor as barreiras das doenças negligenciadas e se supor que, um dia, teremos controle e baixa estatística de novos casos?

Falta comprometimento de todos.

Em Gurupi/TO, a Policlínica tem duas entradas: a principal, para a maioria e uma ao lado para os casos de Hanseníase. Se a própria gestão pública "separa" a entrada dos pacientes, como posso desejar que a sociedade não discrimine? E no Tocantins, falar sobre Hanseníase não é complicado porque grande parte da população é ou conhece alguém doente. Mas o preconceito é claro e o auto preconceito muito comum.

Atendi uma família (mãe, pai e filho) onde pai e filho estão em tratamento e a mãe está sadia. A queixa no momento da minha entrevista, foi do filho, reclamando que sua mãe estraga todas as roupas dele, porque lava com álcool e ainda separa seus talheres. Após uma orientação a eles, que durou mais de uma hora, eu saí quase convencida de que "convenci" aquela senhora sobre ter, a partir dali, atitudes mais positivas em relação ao filho.

Como pensar no presente ou no futuro se ainda não se resolveu o passado?

O passado está ali, em menor número talvez pelos óbitos, com portas abertas, nas ex colônias também, mas do mesmo jeito que foi no Isolamento Compulsório: abandonado.

Os antes "isolados", agora também são os "esquecidos" e a impressão que se tem sobre tudo isso é que o governo está apenas esperando todos morrerem para se apropriar das terras e, novamente, dos bens que foram doados exclusivamente para a Hanseníase e se ainda se tem Hanseníase no Brasil, as ex colônias ainda devem fazer parte de todo um instrumento de planejamento para que consigamos de fato trabalhar pelo controle. A doença está ali, as ferramentas estão ali. Por que mudaram tudo de lugar? Por que tiraram tudo de lá se os pacientes estão lá? Como poderiam supor que, com a grande idéia de se amenizar o preconceito, um paciente interno em uma colônia desde os 5 anos de idade e, portanto, hoje com aproximadamente 75 anos, sequelas graves, iria para as filas das Unidades Básicas de Saúde ou hospitais do SUS, enfrentando transportes coletivos de péssima qualidade? Que fosse até de motorista particular, esta pessoa não foi preparada para seu retorno à sociedade, sempre considerou que seu fim seria atrás dos muros e portões.

Não se criaram políticas públicas para desospitalizar os pacientes.

Abrir as portas das ex colônias no final dos anos 80 e considerar que tudo estava resolvido, perdoado, que todos estavam curados, não precisavam mais de curativos, acompanhamento especializado, cirurgias reparadoras, órteses e próteses, que não haveriam recidivas e que a sociedade esperava a todos que por décadas ficaram isolados, com carinho e compreensão, que teriam moradia, sustento, trabalho, sendo que todos já eram idosos.... A Lei 11520 fala de "tutelados do estado" e não de abandonados pelo poder público. A pensão mensal vitalícia era e sempre será um direito de cada isolado, mas ela por si não justifica que tudo foi feito. Pelo contrário. No estado de São Paulo, aproximadamente 5.000 pacientes poderiam sair das ex colônias após 1986, mas apenas 1.400 saíram e destes, muitos voltaram. E mesmo com a pensão mensal vitalícia, em 2007, não havia como sair para conviver na sociedade, sociedade esta que ainda vive a lepra social e pela qual não se vê cura a curto prazo.

Um local onde nunca foi bom só para a Hanseníase, com certeza não será bom para se transformar em um hospital geral, aberto à comunidade, mas que permanece no passado.

Conheci uma diretora do Hospital Dr Francisco Ribeiro Arantes, o Pirapitingui, em Itu, em 2011, que não passava dos limites da administração por medo dos ex pacientes de Hanseníase. Médica, diretora, ignorante e omissa.

O SUS, Sistema Único de Saúde, está desmerecendo a confiança dos brasileiros, porque não funciona. E deveria funcionar! Com uma gestão responsável, que fiscalizasse de fato estados e municípios, o SUS seria exemplo de atendimento aos cidadãos, com resultados positivos, já que seu orçamento e sua capacidade são os maiores do país. E como não funcionou, abriu espaço, cada vez mais, para os planos de saúde, caríssimos e que não respeitam o consumidor e são administrados para manter os ricos mais ricos e os pobres mais pobres. É o comércio, a feira livre da saúde! E o SUS foi deixando de lado os seus princípios: saúde para todos. E quando falamos em todos, são todos mesmo e não ficar caracterizando o SUS como atendimento de 5ª. Categoria e, portanto, utilizado apenas por quem não tem dinheiro para pagar planos de saúde e enriquecer uns poucos.

Daí, a saúde de qualidade, mesmo que uma qualidade duvidosa apesar de cara, está concentrada nos planos de saúde e a saúde que brinca com o brasileiro está no SUS.

Hoje o SUS não suporta os atendimentos básicos. Cada novo Ministro da Saúde que assume, modifica cargos, atribuições, mas o conteúdo permanece da mesma forma. Enquanto existir fila para atendimento e meses para se realizar um exame, a saúde no país não andou.

Enquanto o paciente de Hanseníase, que precisa de atendimento especializado não tiver prioridade e qualificação profissional à sua disposição, não saímos dos anos 20. O abandono e até pouco caso, desrespeito com quem precisa do atendimento é crime e de uma forma ou de outra precisa ser denunciado e que o Ministério Público Federal tome a frente destas situações para que aja continuidade de atendimento e com qualidade, porque o Brasil é um país com a carga de impostos mais cara do mundo e se os impostos existem, os serviços públicos devem existir com qualidade também.

Porém, os próprios Ministros de Estado e demais chefes de governo, não se utilizam do SUS. Então, se eles não usam para si e suas famílias, deve ser porque não está em condições aceitáveis. Mas a população precisa, o cidadão trabalhador não tem recursos e merece um SUS de qualidade, promessa de 20 anos atrás. E prometer simplesmente, não é compromisso e todo funcionário público tem obrigação de prestar serviços adequados.

Os antigos pacientes de Hanseníase não foram orientados e acompanhados para seguir uma política pública de saúde externa aos muros das ex colônias e os novos pacientes de Hanseníase permanecem sem orientação adequada e constante para seu tratamento. Devido à lepra social, um paciente de Hanseníase permanece abandonado, perdido, já que, mesmo se encontrar o tratamento para a doença, não encontra apoio para enfrentar todas as conseqüências do tratamento, que não é fácil. Muitos abandonam nas primeiras dificuldades que são conseqüências de reações aos remédios e não prosseguem na cura final, deixando de fazer parte muitas vezes das estatísticas e das buscas ativas, essenciais para que se controle a doença.

A falta de investimentos para políticas públicas voltadas essencialmente para o acompanhamento social, transforma o paciente de Hanseníase em um caso que poucos querem atender e se puderem se livrar deste atendimento, com certeza o farão.

Mas isso é uma herança triste, de uma colonização que foi feita com objetivos comerciais, distantes de se fundar aqui uma nação de verdade, com o impacto de uma civilização que aportava aqui já devastada pelos costumes europeus corrompidos e claramente dispostos à exploração. Nada mais interessava.

Nestes termos, a colonização no Brasil foi formalizando, até os dias atuais, um sistema distante de garantir uma sociedade com direitos civis respeitados e politicamente formalizado e comprometido somente para priorizar as classes dominantes, excluindo sua população de políticas públicas acessíveis e com resultados eficazes.

A substituição dos negros, após a abolição da escravatura, pelos colonos europeus, provavelmente trouxe, com mais números, a Hanseníase para o Brasil. E a situação de dificuldades com habitação e saneamento básico para estas pessoas, transformou, aqui em São Paulo, uma migração interna do centro urbano para o rural, inchando regiões paulistas com número de habitantes superior às capacidades da época. Fato relevante para esta afirmação é notar que a maioria dos sobrenomes dos ex pacientes de Hanseníase em colônias, é de origem européia, principalmente italiana. Estes colonos impulsionaram a lavoura do café na sua época de relevância e foram os mais atingidos por esta patologia.

Mas os casos não se restringiram a São Paulo e foram construídas colônias na maioria dos estados brasileiros e preventórios ou orfanatos para nós, que nascíamos ali dentro.

Com o apoio da Fundação Paulista contra a Hanseníase e o Ministério da Saúde, o Hansenpontocom tem visitado estes locais pelo Brasil para aplicar o Projeto Rastreando, que é a conscientização dos familiares de ex pacientes do Isolamento Compulsório, sobre a importância de acompanhar e fiscalizar, recolher e enumerar, documentos que possam provar a existência destas colônias e preventórios e garantir, quando finalmente existir de fato, a indenização financeira que buscamos junto ao governo federal.

Nossa visita ao Espírito Santo resultou na constatação do abandono da ex colônia e sua utilização nos dias atuais para internação de pacientes psiquiátricos, o que de certa forma descaracteriza o local, que ainda mantem ex pacientes do isolamento compulsório ali residindo com seus familiares.

Também se observa grandes glebas de terras sendo utilizadas para o gado, outras para férias, posses que nada tem a ver com a real destinação das mesmas.

Da ex colônia apenas prédios abandonados, como o centro cirúrgico e a exploração imobiliária sem nenhum controle. A administração hospitalar se resume em atribuições burocráticas e desconexas pelo tamanho das terras e sua funcionalidade. Não há investimentos que poderiam reorganizar a utilização dos espaços já construídos e aqueles in natura para os verdadeiros donos daquele espaço que são os ex pacientes de Hanseníase e seus familiares. As pessoas, após a abertura dos portões em 1986, foram se apoderando daquilo que não é delas e o governo foi silenciando diante de tudo isso. Desta forma, ali se perdeu, como em outros estados, a história, a documentação e preservação formal, a realidade.

De certa forma, o Projeto Rastreando chega muito tarde a estes locais. A degradação parece irreversível em muitos locais e a posse das terras por pessoas completamente alheias ao local, beira a grilagem ilegal e perigosa. Pois é: no momento de se apossarem das terras, não existe preconceito com a Hanseníase, mas no momento de acolher ou conviver com um ex paciente e seus familiares o preconceito reaparece.

A saúde no Brasil, na época do Isolamento Compulsório, período que se inicia aproximadamente nos anos 20 e vai até o final dos anos 80, não possuía um planejamento adequado para agir com as questões da Hanseníase, baseando-se em estudos europeus para o enfrentamento da profilaxia específica, eclodindo em um processo social que não obtinha controle, onde os doentes perambulavam por ruas e guetos, temidos pela sociedade dominante. Diante deste fato, com um governo pressionado pelo poder dos que detinham a vida financeira do país, construíram colônias, distantes dos centros urbanos e iniciaram uma caçada humana aos que eram considerados enfermos ou supostamente enfermos, internando-os, por força de lei, nestes locais.

De certa forma, o controle da doença foi feito por um controle social, por um parecer baseado na exclusão e confinamento, mas não seria suficiente, porque estas pessoas, inevitavelmente, formariam grupos e formariam novas famílias. E destes grupos, nasceriam crianças. Estas crianças, como eu, nasceram deste projeto radical e infame e, mais uma vez, o governo resolve excluir.

Desta vez, nos excluem em orfanatos e inicia uma outra geração estigmatizada pelo preconceito com a

Hanseníase. Filhos que foram gerados antes ou depois das internações destes pacientes eram, deste momento em diante, entregues à tutela do estado. Uma tutela que não existiu de fato e que institucionalizou mais de 50.000 crianças que não precisavam ficar isoladas também, mas as quais o governo não previu quando internou nossos pais.

O desmonte das iniciativas públicas positivas estão visíveis e não recebem ataques, panelaços.... Tudo que colabore para que o brasileiro não cresça, floresce neste momento político de nosso país, onde uma minoria ridícula que se considera dominante tem insistido para que o processo não tenha cura mesmo; que o país não seja para todos, apenas para alguns. De repente, o Brasil voltou para os anos 30 ou 50 e a identidade humana inicia um processo de desaparecimento coletivo.

O ponto de escolha está invertido novamente e o pensamento coletivo deletado.

Crenças limitantes influenciam a falta de esperança e nisso tudo, um universo, a Hanseníase voltará a ser lepra simplesmente, esquecida, discriminada e isolada compulsoriamente.

O que não foi resolvido do passado não distante, agora enfrentará um enterro coletivo das possibilidades.

E é exatamente isso que precisamos evitar: o abandono total, porque o parcial já existe e contra ele a luta é muito difícil.

Mas que visão assustadora é esta? Hanseníase tem cura!

Tem cura sim, mas enquanto não for seriamente buscada, monitorada, interpelada, estará entrando nas casas de muitos brasileiros, sem informação básica sobre a patologia, sobre direitos, sobre vida com dignidade. Enquanto perdurar um país de poucos, muitas "Hanseníases" cobrarão justiça com suas seqüelas e vidas limitadas, penduradas em pensões e auxílios de terceiros, favorecendo verbas públicas a instituições que tem uma visão do todo muito turva ainda, porque somente saberá o que é esta doença quem estiver com o sangue combinado a algum paciente, for familiar, tiver alguém ainda vivo dentro das colônias, mostrando que o sofrimento não termina com o PQT, mas permanecerá para sempre no coração de cada um.

A "recidiva" não acontece apenas na patologia, mas permanece no indivíduo. Mesmo que já esteja curado, será visto como ex de alguma coisa que as pessoas insistem em discriminar.

Sejamos sensatos: o mundo não precisa de "ajuda"; ajuda é algo que acaba. O mundo precisa de ação verdadeira, de dentro para fora.

Do Tempo

No transtorno das emoções que ainda sinto, inexplicáveis porque não foram vividas à exaustão do tempo, me pergunto o que poderia ser feito, hoje, agora, pelas questões da Hanseníase.

A minha reflexão organiza o passado para encaixar no presente como uma peça exatamente perfeita.

Ou seja, não sinto as mudanças dos dias, por que se Hanseníase não é lepra, por que a lepra sufoca a Hanseníase?

O estigma não foi superado, o bacilo encontra-se apenas entrincheirado, mas pode se soltar ao menor descuido.

O Isolamento Compulsório foi um crime hediondo, indiscutivelmente. Porém, se tivesse uma organização e seus métodos cumprissem o papel higienista da época, mesmo assim, nos transformariam em párias, mas párias usados para um controle endêmico e não social.

A eugenia foi exaustivamente praticada e abusada em todos os seres humanos do planeta que desejavam excluir. A materialidade de cada ser humano, a sua utilidade funcional era o aspecto mais importante de todo o processo capitalista do pós segunda grande guerra e no decorrer dela.

O ser humano, nas suas qualidades espirituais, geralmente é descartado porque alma não ocupa espaço físico visível. E na interpretação materialista e necessária ao poder absoluto até hoje, permanecemos no século passado, infelizmente.

O descarte populacional tem sido característica de muitos governos pelo mundo e o Brasil, sem um modelo próprio de atuação, se remete a retalhos exteriores para formatar suas políticas públicas que não conseguem penetrar nos locais onde o estigma é reforçado por culturas locais.

Ainda existem grandes grupos de pessoas em locais distantes deste país que acreditam que a mordida de cobra é a causadora da Hanseníase e que lavar as roupas do doente com álcool e separar todos os seus utensílios para alimentação, não contaminará os demais da família. Porém, nestas culturas, ninguém valoriza a circulação de ar no ambiente, arejando suas casas, estabelecendo espaços de convívio familiar onde o ambiente é limpo e adequado à utilização de todos.

Buscar nestas pessoas e culturas populares as respostas para fracassos de grandes projetos e consequentemente a não eliminação da carga da doença, é um caminho enriquecedor, porque não se elimina a Hanseníase somente com informações de curta duração ou um atendimento nas unidades de saúde. A informação precisa vir abraçada à orientação e acompanhamento, trabalho este que deve ser atribuído ao Assistente Social, em conjunto com a equipe de agentes de saúde comunitários. Observar os atendimentos nas unidades básicas e respaldar os profissionais da saúde (dermatologistas, fisioterapeutas e enfermeiros) em cada caso atendido, com certeza reduzirá o estigma e como conseqüência imediata, novos casos que não aparecem porque estão contidos nestas comunidades.

Outro aspecto importante é a supervisão das ex colônias e seus moradores.

Com a abertura das mesmas em 1986, deixaram para trás os antigos pacientes, moradores destes locais e toda a população que migrou para dentro delas, como familiares e invasores. Ao ambiente anteriormente restrito a doentes, hoje estão grandes grupos externos e que convivem com o bacilo sem o controle adequado à sua situação de saúde.

A administração destas unidades nem sempre é treinada para as funções de gestão e desconhece a história, não busca informações ou treinamento, separando a patologia da realidade que planejam implantar, com mais grupos externos freqüentando um local anteriormente destinado a "conter" o bacilo.

E se o bacilo não precisa de contenção, as ex colônias foram, de fato, algo inútil em todos os aspectos.

Na ex colônia do Bonfim no Maranhão, atualmente existem casas que são utilizadas para moradia ou finais de semana, porque na parte interior existe um local de rio, de mar, por onde vinham os barcos, antes com escravos e depois com os doentes, oriundos do centro de São Luis.

Pergunto: isso é preservar a história?

Isso preserva as comunidades ou simplesmente a ganância abriu os portões das grandes terras que não eram de ninguém para exploração imobiliária criminosa, injusta e ridícula?

As ex colônias ainda são financiadas pelos estados, que custeiam luz e água e também fornecem alimentação e casa.

O dinheiro público jogado no lixo sem o controle e gestão adequados, porque a maioria destas terras foram doadas por particulares com o fim específico da criação de local para a contenção dos doentes no Isolamento Compulsório. E isso a sociedade também não tem conhecimento e portanto não cobra medidas mais concretas.

Os moradores das ex colônias, impedidos de retornar ao convívio externo dos muros por conta de suas dificuldades pessoais de adaptação, levaram para dentro quem nunca deveria ter entrado e o estado fecha os olhos e vai criando novos grupos que podem vir a ter Hanseníase.

Aí está um grande paradigma: isolados, trancados, as famílias os abandonam. Entretanto, na primeira oportunidade de abertura, cientes de casas desocupadas por pacientes falecidos ou familiares dos familiares que ali residiam para cuidar de idosos sós, a Hanseníase não intimida ninguém, não há necessidade de existir preconceito, os estigmas são esquecidos e todos convivem. A antiga e histórica cultura do brasileiro, em tirar vantagens sem reconhecimento moral vai para dentro das ex colônias sem a mínima cerimônia. É fato no país inteiro!

E enquanto o estado permitir este abandono diante da situação social totalmente irregular, não chamando para si uma responsabilidade de gestão dirigida, a Hanseníase permanece fazendo parte do cultural brasileiro, seja pela patologia, seja pelo isolamento, seja por nós filhos separados, seja por tudo.

O Brasil não quer se separar da Hanseníase.

Tudo foi feito para desconstruir ações diante de uma patologia que permanece fazendo vítimas e vítimas cada vez mais jovens, com incapacidades físicas cada vez mais cedo, onerando o estado com reabilitações e tratamentos e infelizmente, marcando novas gerações com uma doença que, apesar da cura, não encontra espaço para a diminuição do preconceito. Preconceito este que só é lembrado por aqueles que ainda não foram morar de graça nas ex colônias. Diz o ditado popular que, "de graça, até injeção na testa".

O Isolamento Compulsório deveria ter construído metas, mas destruiu e espalhou a doença. As colônias não diminuíram os casos. Milhares foram isolados no estado de São Paulo e outros milhares não isolados foram diagnosticados com a doença.

Porque isolar é uma prática e não uma metodologia.

Isolam-se nos presídios todos os dias milhares de pessoas e a criminalidade não cessa e os que saem em liberdade continuam nos delitos.

Isolar é a prática de prender, jogar a chave fora e dar as costas.

Metodologia de trabalho pode até, em algumas circunstâncias, isolar, mas tem objetivos e metas definidos para se alcançar resultados, com previsão de tempo e custos.

Agora, com décadas de desconstrução, foco minha pequena mas eficaz equipe na luta pelas questões da Hanseníase com projetos. A demanda diária que temos nos demonstra que precisamos nos apoiar, "parceirar" ações com outras instituições e mapear o país com um trabalho sério de reconhecimento do problema: o abandono do passado que sufoca o presente. Assim, elaboramos o Projeto ASA. Foram dois anos tentando parcerias e sempre colocaram problemas, sugerindo, inclusive, que nosso projeto precisaria passar por uma comissão de ética. Entendi. O projeto, na verdade, é bom demais para ter parceiros fracos. Vou sozinha e pronto, mas não estou fechada a novos contatos para podermos realizar este trabalho com urgência.

Apresento nossa proposta a seguir:

Projeto ASA

Projeto "ASA"

(Ampliar Sempre e Acolher)

Originário Projeto "Em nome dos pais"

Josefa (nome fictício), saiu aos 17 anos da institucionalização na Associação Santa Terezinha e foi cuidar dos pais, ambos internados compulsoriamente na ex colônia Pirapitingui. Ali ela também foi diagnosticada com Hanseníase, fez o tratamento, casou, teve filhos. Os filhos também foram diagnosticados com Hanseníase e hoje ela tem netos, reside na mesma casa há quase três décadas, os pais faleceram e a vida institucionalizada não mudou. Pelo contrário: toda família que formou está lá dentro até hoje e não há a mínima possibilidade financeira ou social para que possam viver fora daqueles muros. Por que?

Visão do outro

Um sujeito estava colocando flores no túmulo de um parente, quando vê um chinês colocando um prato de arroz na lápide ao lado.

Ele se vira para o chinês e pergunta:
- Desculpe, mas o senhor acha mesmo que o seu defunto virá comer o arroz?

E o chinês responde:

- Sim e geralmente na mesma hora em que o seu vem cheirar as flores!!!

'RESPEITAR A VISÃO DO OUTRO, EM QUALQUER ASPECTO, É UMA DAS MAIORES VIRTUDES QUE UM SER HUMANO PODE TER."

Projeto "ASA"

Este novo projeto, **"ASA"**, pode ser considerado a **"colheita"** da semente plantada com o Projeto Rastreando, que foi identificando e mapeando novos locais a serem visitados e acompanhados, em uma atividade ininterrupta de estar ao lado daqueles que foram abandonados na infância e tentam reencontrar, na idade adulta, seus caminhos biológicos e sociais, muitas vezes destruídos pela separação imposta. Nesta varredura social, o mais impactante é perceber que os ex pacientes que foram compulsoriamente internados nas ex colônias, antes e após a Lei 11.520 permanecem esquecidos pelo Estado dentro de suas casinhas, no mesmo local onde antes foram confinados, como se a abertura dos portões já fosse privilégio suficiente para suas vidas. Há um universo de história e de exclusão escondidos nos locais onde o passado sobrevive. Então, identificou-se que, familiares (filhos) e ex pacientes permanecem na mesma história, presos em sucessivas exclusões sociais, que os amarram no esquecimento de exercitar sua cidadania e preterir seus direitos.

Justificativa:

Para compreender a importância deste projeto, é necessário que estejamos on line com as realidades sociais que emergiram no último século com a Hanseníase no Brasil. Do pré e pós Isolamento Compulsório até este espaço de tempo, onde precisamos buscar uma releitura sobre os milhares de cidadãos brasileiros que foram linkados a esta patologia, direta e indiretamente e que formaram uma "etnia social" em todo o território nacional. Esta "etnia" foi um login, uma ferramenta criada espontaneamente para fugir do preconceito, sobreviver ao tratamento da patologia, preservar famílias.

Outra característica do projeto é a sua abertura, leveza, busca de equilíbrio que una, no mesmo vôo, múltiplos eixos sociais atuantes em suas organizações, fundações, instituições, ampliando um céu de possibilidades nas visões corporativas já existentes, para a doação de suas capacidades internas que seguirão a rota de uma macro ação de atitudes, resultando em ações capacitadoras para o todo, significando "emergir de ondas conhecidas, porque todas elas pertencem, na verdade, ao mesmo oceano".

> *"Visto que só aumentar o tamanho dos pneus não seria uma boa solução, chegamos à necessidade da transmissão. Ela permite que a bicicleta atinja maiores velocidades sem ter de aumentar o tamanho dos pneus. Certo. Só faltou dizer o que é transmissão, né? Simples! É o conjunto formado pelos pedais, coroa, catraca e corrente."*
> HTTPS://luciana1206.wordpress.com/2009/04/17/ciencia-nas-pedaladas/

Estamos conectados com a Estratégia Global para Hanseníase 2016 a 2020 – Aceleração rumo a um mundo sem Hanseníase e inseridos, com este projeto, adequadamente ao terceiro pilar.

3. Combater a discriminação e promover a inclusão • Promover a

inclusão social mediante abordagem de todas as formas de discriminação e estigma. • Empoderar pessoas afetadas por hanseníase e fortalecer sua capacidade de participar ativamente nos serviços de hanseníase. • Incluir as comunidades em ações para a melhoria dos serviços de hanseníase. • Promover a formação de coalizões entre as pessoas afetadas pela hanseníase e incentivar a integração dessas coalizões ou de seus membros com outras organizações comunitárias. • Promover o acesso a serviços de apoio social e financeiro, como facilitar a geração de renda, para pessoas afetadas por hanseníase e suas famílias. • Apoiar a reabilitação na comunidade para pessoas com incapacidade relacionada à hanseníase. • Trabalhar para abolir leis discriminatórias e promover políticas que facilitem a inclusão de pessoas afetadas pela hanseníase.

O projeto definiu-se, a princípio, a partir de visitas constantes nas ex colônias e em rodas de conversa com os moradores, filhos ou não, sobre percepção da inexistência de políticas sociais para o enfrentamento da exclusão social, tornando-se um campo técnico de estudo e reavaliação do que efetivamente mudou ou não na vida daquelas pessoas com a abertura dos portões, a Lei 11.520 e o tratamento adequado da patologia, hoje com cura.

Dos Direitos Civis, a liberdade de ir e vir, ainda subjetiva em alguns casos.

Dos Direitos Constitucionais, atendimento na área da saúde, o voto, educação, mas em concorrência desleal com a sociedade extra muros, porque a Hanseníase não atinge apenas o paciente ou o ex paciente. Ela desmonta toda a família, quando os recursos de direito precisam ser buscados fora das ex colônias, porque nenhum interno compulsoriamente foi preparado para reagrupar suas vidas em ambiente externo à instituição.

Mesmo com o direito de gerir os recursos financeiros que a Lei 11520 ofereceu, como sobreviver na sociedade externa não fosse a tutela do estado com alimentação, água, luz e moradia? O institucionalizado não consegue reagir para fora das colônias, absorver o individualismo da vida familiar na sociedade comum, porque não foi preparado para isso, não foi questionado sobre isso e não conhece como seria isso.

Tendo avançado na importância da "história das histórias" da Hanseníase com o Projeto Rastreando, fica claro que o trabalho técnico com oficinas, grupos operativos, cursos e visitas regulares nas localidades onde há uma maior concentração de filhos separados, pacientes e ex-pacientes, bem como nas ex-colônias, podem exercer papel de apoio positivo na vida destas pessoas, realocando-as no direito a uma vida plena e com qualidade, sem distanciamento dos serviços públicos adequados, conscientizando-os da importância participativa nas ações sociais para a erradicação do preconceito ou tentativa de e principalmente, ouvi-los, compreendê-los e ampará-los em suas necessidades, fazendo destas intervenções, ferramentas que possibilitem a adequação do que existe à real necessidade daquele que usa.

A parceria do trabalho social com os órgãos governamentais responsáveis.

Ao sentirem-se identificados com a proposta, encontram segurança e liberdade para expressarem seus desejos em suas vidas, estimulando-os a fazerem parte das mudanças sociais necessárias dentro de seus grupos familiares e sociais.

Em cada atividade, pode-se reunir até 100 pessoas. Desta forma, se forem feitas 2 ações mensais em dois municípios específicos, ao término de 12 meses (tempo projetado), teremos 2.400 pessoas atendidas.

O projeto foca o acolhimento social e humano de filhos separados, pacientes e ex-pacientes de hanseníase, residentes em municípios distantes dos centros urbanos da Capital, bem como aqueles abrigados em ex-colônias, pensionatos que, com o fim do isolamento compulsório, foram de certa forma abandonados nas suas histórias de vida e, como que seguindo uma simbologia, permaneceram segregados a instituições ou lares, carentes de acompanhamento e orientações.

Valorizar o ser humano e sua história pessoal é a ferramenta principal desta proposta de ação para proporcionar melhor qualidade de vida e participação social. Se o paciente de Hanseníase não interage com a sociedade, como esperar da sociedade que o veja sem os olhares do preconceito? Porém, sem acompanhamento esta perspectiva não existe.

Objetivo Geral:

Valorizar o ser humano e sua história pessoal por meio de oficinas, grupos operativos, cursos em todos os locais do Estado de São Paulo pré-agendados para esta finalidade, proporcionando melhor qualidade de vida e participação social.

Objetivos Específicos:

- Em módulos distintos por municípios, criamos Projetos Expressos para serem aplicados durante 12 meses;

- Criar oficinas que potencializem os recursos internos dos filhos separados, pacientes e ex-pacientes de hanseníase;

- Acolher as histórias pessoais para formatar linhas de ação futuras;

- Manter nossas linhas de ação para acolhimento a todo tipo de discriminação e preconceito, principalmente referente à Hanseníase;

- Proporcionar a livre expressão e vontades dos atendidos pelo projeto, como caminho para a realização de objetivos comuns e pessoais;

- Potencializar as ações sociais em grupo para que resultados se efetivem nas solicitações diversas de direito à cidadania;

- Mapear as oficinas por municípios e problemáticas encontradas;

- Criar protocolo de ação social conjunta com a expressiva colaboração dos acolhidos e associações existentes nestes locais, como as Caixas Beneficentes;

- Manter cadastro atualizado e informatizado dos atendidos.

Metas:

- Visitar dois municípios a cada mês e realizar oficinas e grupos operativos que atendam as necessidades dos participantes;

- Atender o maior número possível de filhos separados, pacientes e ex-pacientes de hanseníase em cada município visitado, para apoiá-los em suas necessidades, ouvindo e partilhando com eles as suas ansiedades e desejos, do ponto de vista deles;

- Analisando sob a perspectiva deles, propor ações;

- Mapear, cadastrar e manter as informações atualizadas para uso dos programas e das instituições que trabalham com Hanseníase;

- Propor linhas metodológicas de atendimento e acompanhamento das situações vivenciadas, proporcionando melhor qualidade de vida e de apoio aos atendidos.

Atividades:

- Visitas aos módulos (municípios) pré-agendados convidando para participação no projeto;

- Oficinas com até 100 participantes que serão quinzenais nos módulos mais próximos ao ponto de partida (Barueri) e mensais aos módulos mais distantes;

- Duração máxima de cada oficina = 4 horas;

- Após oficina, cadastramento via formulário do projeto, de todos os participantes, para manutenção e atualização de dados, tanto para consultas, como para relatórios;

- As oficinas e grupos operativos deverão ser realizados aos finais de semana para obter presença daqueles que trabalham;

- Deliberações e encaminhamentos.

Avaliação dos Resultados

Distância em km a partir de São Paulo/Capital

Resultados:

Os resultados das viagens serão relatoriados constantemente e repassados aos supervisores do projeto, nas prestações de contas.

Após as viagens, será necessária uma reavaliação dos resultados obtidos até este momento, para que todos os objetivos sejam atingidos.

Monitoramento/Avaliação:

Quantitativos:

- municípios visitados

- até 100 participantes por oficinas

- totalizando até 2.100 pessoas atendidas ao final do projeto

Qualitativos:

- relatórios

- medição do grau de metas alcançadas

- documentando a história e a realidade dos locais

A equipe de supervisão poderá ir compondo, com os relatórios, o grau de aplicação do projeto e metas a alcançar.

Metodologia de Ação:

Na experimentação do projeto, separamos módulos que funcionarão como etapas elaborativas do todo.

Cada módulo expresso deverá resultar na possibilidade de reestruturação das pessoas atendidas.

Na verdade, nos pediram tantos detalhes, tantos desdobramentos que, após dois anos tentando a aprovação, desistimos por completo e hoje, o caminho vai de acordo com doações espontâneas que recebemos.

Porém, o mais importante não naufragaram: minha disposição de seguir em frente. E, se a intenção foi específica para me desestimular a persistir, não funcionou. Enquanto eu viver, lutarei por cada paciente e familiar de Hanseníase que me pedir ajuda!

E, mais uma vez, agradeço à Dra Mary Lise de Carvalho Marzliak, de São Paulo e Tanya Lafratta, porque comigo desenharam o projeto, se empenharam e me apoiaram imensamente.

Mas, na ausência de patrocínio, este projeto permanece no papel e aqui no livro, infelizmente.

O já desencarnado paciente de Hanseníase e escritor, Jésus Gonçalves, descrente, era um materialista e dizia não acreditar em nada disso. É autor de "Falta", onde diz assim:

- Onde andará um "não sei quê", um Bem, em cuja busca sou judeu errante? Por onde eu passo, já passou também... E quando chego já partiu há instante... Não sei se está na vida, ou mais adiante, dentro da morte, nas mansões do Além... Se está no amor... se está na fé, perante os dois altares que esta vida tem. Mas, se esta vida é um sonho, a morte o nada; o amor um pesadelo; a fé receio; por que manter-se em luta desvairada? No entanto, eu sigo... acovardado, triste... a procurar em tudo em que não creio, a coisa que me falta e não existe!

Práticas Sociais para Hanseníase

De fato, o Ministério da Saúde possui uma equipe altamente comprometida com as questões endêmicas ou não da Hanseníase e chega até a ponta com muitos trabalhos, pesquisas, visitas, treinamentos

Possui grandes aliados, também comprometidos seriamente, sejam instituições sem fins lucrativos nacionais ou estrangeiras, bem como outros complementos governamentais.

Então, por que a Hanseníase ainda evolui sorrateiramente pelo país?

Porque as políticas públicas e os projetos se preocupam com a doença e assim devem permanecer.

Mas alguém, alguma instituição ou poder público, precisa se preocupar e defender práticas sociais que atendam as famílias dos pacientes ou ex pacientes. E isso, nós do Hansenpontocom, ainda vemos pouco.

Aliás, na correta idéia de que "Hanseníase tem cura", permanece um hiato importante: a família, os comunicantes, os contatos, a história da doença no Brasil, o Isolamento Compulsório tão esquecido e que nós vivenciamos por meio do contato com os filhos separados de seus pais e os próprios pais, familiares ainda vivos, que estão dentro das ex colônias.

O Isolamento Compulsório somente deixou de existir, mas as pessoas existem e são milhares, em quarta e quinta gerações, sem acolhimento.

Não percebemos, talvez pela urgência da detecção do bacilo, nenhum projeto que possa trazer esta família ao amparo conciliado com o paciente.

E o @hansenpontocom tem como objetivo cumprir este papel.

Caminhamos lentamente porque acreditamos estar na vivência e convivência com aqueles que trabalham com a doença, buscar nossas respostas.

Estamos prontos para colaborar neste sentido e já o fazemos quando somos solicitados a exercer nossa missão.

Mas precisamos fazer muito mais.

E o "fazer muito mais" implica diretamente em obter recursos financeiros para todos os trabalhos que executamos, mas que ainda não ultrapassam os limites que poderiam alcançar.

Nossa maior abordagem é a desconstrução do "discurso da necessidade".

O atendido não é uma pessoa pedindo um favor.

O atendido é um cidadão que apresenta uma necessidade que o governo não vê ou finge que não vê e que busca nas organizações sociais uma solução.

A idéia do pertencimento, da identidade com a história da Hanseníase para cada atendimento que fazemos, é levar a consciência crítica de cada um a uma consciência coletiva de que todos podemos fazer.

Nenhuma instituição, seja ela pública ou não, tem o direito de voltar para si mesmo a propriedade sobre a Hanseníase e seus caminhos. Mas infelizmente é exatamente isso que vemos acontecer. Com esta política de propriedade e autoridade, o verdadeiro interessado e protagonista sempre é o último a saber.

A família do paciente de Hanseníase e o ex paciente morador das ex colônias precisa de amparo técnico, que possa obter apoio da sociedade e, de nossa parte, uma porta sempre aberta para que todos entrem, nos contem suas histórias, seus anseios, suas realidades, para podermos, juntos, propor mudanças, fazer mudanças e cobrar humanidade.

A Hanseníase e o poder espiritual da Graça

Este texto foi escrito para que eu fosse aceita (precisei entregar muitos documentos para analisarem minha pessoa) à investidura como membro da Ordem de São Lázaro de Jerusalém e Catedrática da cadeira de Hanseníase, criada para que possamos desenvolver ações sociais em todo o mundo.

A Ordem de São Lázaro é uma ordem medieval e de caridade que existe no mundo inteiro e possui normas e regras cristãs, voltadas para o atendimento a todos os enfermos e principalmente aos doentes de Hanseníase.

http://www.stlazarusbrasil.org/

Muitos escritores e pregadores cristãos, a partir de Orígenes, julgavam a lepra "um tipo de pecado", um modelo ou símbolo do pecado, e essa idéia transpareceu em muitos sermões. Até pouco tempo atrás, o fato de alguns tipos de lepra evoluírem implacavelmente e nenhum tratamento parecer eficaz na cura das úlceras nas mãos e nos pés certamente deu credibilidade à crença disseminada, cristalizada em ditos e provérbios em todo o mundo, de que a doença ainda era incurável (Bennett, 1896).

Falar de Hanseníase é como surtar em um universo de loucura incontrolável, onde não existe nenhum apoio lógico ao seu início de contágio, ao seu meio de buscar o diagnóstico e à sua cura com um tratamento que é acompanhado por um batalhão de remédios que modificam o doente por dentro e por fora, em um sofrimento sem precedentes.

O maior sofrimento é o da exclusão social. O estigma da doença tortura o doente, seus familiares, a sociedade como um todo. E não há remédio capaz de curar, lavar as chagas que se formam pelo isolamento e incompreensão do medo por conta da doença.

Neste ponto, inicio minha reflexão: por que?

A doença que foi mais citada na Bíblia, é um Mistério Doloroso também.

No Antigo Testamento, ela vem justificando o pecado, a sujeira, o erro, o contraponto do que uma sociedade esperava de um ser humano e então, o doente de Hanseníase é isolado, caminha como gado, aos grupos, fora das cidades, com um chocalho avisando de sua proximidade, dependente das esmolas e migalhas.

No Novo Testamento, na voz e conduta de Jesus, a Hanseníase ressurge como parábola, como doença de amigo, como forma de perdão, fé e cura, revivendo um homem em mortalha há três dias.

Por que a Hanseníase e não outra doença? Porque naquela época, era a doença mais repugnante e impura, sem solução, sem perdão. Então, alguém curado pelo poder da fé, seria um grande exemplo de compaixão e esperança. Estamos falando Daquele que cremos ser o Filho de Deus e, portanto, presente em nosso universo espiritual e material para demonstrar com atos, que o amor é a grande cura e a grande reforma dos homens. Não se pode imaginar o Filho de Deus na dependência do acaso em sua vinda, mas tudo estava determinado a acontecer como aconteceu para honra e glória do Seu nome.

E nos passos que Jesus deixou, os homens trilharam pelo mundo a propagação de sua fé, alicerçados na conduta espiritual fundamentada em igualdade e irmandade entre as pessoas, conquistando entre nobres e pobres, o exercício do amor ao próximo, justificando Moisés nos Mandamentos.

Assim, estamos alinhavando a história, unindo elementos que reforçam a Hanseníase como ferramenta muito forte e impactante para a compreensão do valor espiritual do homem na terra, em busca de sua evolução e convivência social em paz e prosperidade.

No livre arbítrio, o contraponto da justificação da fé, virá entre aqueles que não conseguem crer nestes fundamentos aparentemente simples, mas de grande esforço evolutivo para todos nós, porque em nossa dualidade (espírito e matéria), não é tarefa fácil o exercício sincero do amor e do perdão.

Entre o bem e o mal, podemos seguir a história após Jesus e vamos sempre encontrar a Hanseníase presente no cotidiano das sociedades que se formaram, representando o divisor de águas entre oprimidos e opressores; entre crentes de Jesus e não crentes.

Crentes de Jesus porque existem aqueles que são crentes de que Deus não existe e todos são crentes de alguma realidade. Os não crentes são apenas aqueles que não acreditam naquilo que acreditamos, nada mais. Mas que creem, isso creem.

Utilizando a minha experiência pessoal, como filha biológica de pacientes de Hanseníase, que viveram a exclusão, a dor física da doença, a impossibilidade da cura, mas mesmo assim amaram, procriaram e seguiram seus caminhos, reafirmo minha tese de que a Hanseníase é o mal físico que traz o bem espiritual da compreensão das coisas. Porque há uma ligação histórica que permeia o caminho espiritual de todas as coisas. Eu não sabia que era filha de leprosos, porque na adoção me foi retirado o direito de conhecer minha origem. Mas quando Deus considerou que, por motivos materiais eu estava novamente incluída entre os excluídos, a verdade veio à tona e fui, sem pensar, meio que instintivamente, buscar meu passado dentro de uma ex colônia, um ex leprosário, sem pensar em consequências ou pudores. A liberdade espiritual começava ali, onde nasci, no meio da pobreza e miséria humana e foi por mim considerada a maior das riquezas que eu poderia ter recebido na vida, porque crente que sou, compreendi o chamado de Deus para um Ministério difícil mas não impossível e fui encaixando a minha própria história na história de Jesus e seus seguidores.

Desta forma, totalmente espiritual, a Ordem dos Cavaleiros chegou na minha vida. E quando isso aconteceu, foi uma nova mensagem espiritual que eu recebia, direcionando minha vida exatamente como sempre foi, justificando minha proximidade com a história, porque sempre gostei, sempre acompanhei, informalmente, a vida dos cavaleiros, templários, me emocionando com filmes, com documentários, como se, algum dia, eu também pudesse cavalgar em armaduras na minha busca por justiça a todos nós estigmatizados e mortalmente atingidos pelo preconceito.

Estamos sendo protagonistas de um tempo que vislumbra muita desordem humana, em um espaço espiritual que podemos sentir o mal agindo muito perto, em uma pré guerra tanto material como espiritual. Há anjos, mas há demônios demais e espadas poucas.

Precisamos voltar espiritualmente a Jerusalém e reconquistar a índole dos Hospitaleiros, a garra dos leprosos que até se curavam naturalmente e onde todos viviam em irmandade.

E é exatamente aí que me convenço de que a Hanseníase não se extingue porque ainda não se extinguiu a dor da humanidade que repensa seus passos no poder, em aflição de muitos que não conseguem lutar por si.

E enquanto lhes escrevo, sinto que apenas digito o que espiritualmente sinto necessidade de dizer, porque tem sido tão profundo quanto aquilo que sinto pela minha existência vinda de um mundo de leprosos e estar entre os senhores, Lordes do Século XXI.

A forma como devemos perceber a Hanseníase dentro da Ordem, deve conter o valor espiritual de cada membro, como multiplicador no conhecimento científico e espiritual desta doença, porque ela não acabou, não foi extinta e faz, a cada ano, somente no Brasil, mais de 40.000 doentes, nos quais, absurdamente se constata, crianças até os 14 anos, com sequelas irreversíveis, que chegarão a 2025 como adultos incapazes, porque se cura a doença mas as sequelas não desaparecem jamais.

Precisamos reforçar o monitoramento de instituições que se intitulam "defensoras" dos pacientes de Hanseníase e exploram mundo afora, principalmente na Índia e países irmãos da América Latina, a pobreza e a quase inexistência de políticas públicas, reforçando o estigma quando nos apresentam os pacientes como pessoas menores, pobres coitados. Quem é paciente de Hanseníase é um ser espiritualmente forte ou destinado a se fortalecer na doença. Exatamente por este motivo é que somente 2% da população mundial terá Hanseníase: poucos e escolhidos. Instituições que estão financeiramente se favorecendo da negligência de governos corruptos, devem ser reorientadas a não utilizar a Hanseníase para fins pessoais e financeiros, porque espiritualmente serão cobrados.

Para finalizar, compreendo os motivos pelos quais a Hanseníase não acaba: porque ainda não conseguimos acabar com a falta de espiritualidade nas pessoas. Mas, dentro de minha própria vivência nesta doença, sinto que podemos alcançar, dentro do entendimento espiritual e teológico, que estamos interligados para levar a palavra de Deus nesta caminhada tão difícil, como se voltássemos a 1200 DC e fizéssemos novamente a peregrinação que a própria Rainha Helena de Constantinopla, mãe de Constantino fez, erguendo templos em Jerusalém e na fé, acreditando encontrar a cruz onde Jesus morreu, difundiu, por meio de pedacinhos de madeira desta cruz, a palavra de Deus, demonstrando força e coragem, em um mundo distante, mas que, por falta de espiritualidade, podemos reencontrá-lo neste momento que estamos aqui, vivos e certamente responsáveis por votos e testemunhos, de que a fé nos levará, pela espiritualidade, encontrar na divulgação desta doença, a Graça que tanto almejamos receber.

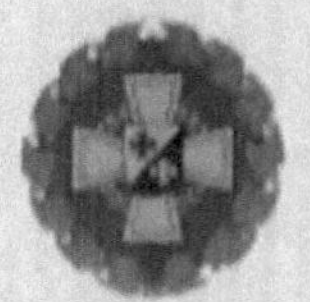

LAZARUS UNION

Union Corps Saint Lazarus International
CSLI

DECREE

Herewith it is certified by the board of the
Union Corps Saint Lazarus International-CSLI
registered and recognized by the law and the government
of the Republic of Austria under the official registration number
ZVR: 023914681
that

Projeto Hansenpontocom

Is appointed as

Group Member of the CSLI

Vienna/Austria, 16 November 2016

For the board of the LAZARUS UNION

Union Commander in Chief
CSLU-0085-2014

Se fui obrigada a nascer aqui, é natural que não me canse de lutar por justiça.

1917 – Associação Protectora dos Morpheticos, fez doação à Santa Casa de São Paulo dois terrenos para construção do Leprosário Santo Ângelo;

Projeto elaborado pelo Arquiteto Adelardo Soares Caiuby, sob orientação do Dr. Emílio Ribas e Joaquim Ribeiro de Almeida;

03.05.1928 – Inaugurado o Leprosário Santo Ângelo, com a missão de ajudar o Hospital de Guapira nas acomodações dos leprosos;

29

A superiora das Irmãs de São José no Le-prosario do Guapira, sabendo da transferencia dos doentes para o novo asylo de Santo Ange-lo, fez com sua communidade sete novenas ao Menino Jesus de Praga, pedindo-lhe um capel-lão zeloso e santo. Ao terminar a ultima, o Sr. Arcebispo propoz a internação da nossa alma victima no novo asylo, onde poderia continuar a exercer officialmente o seu apostolado; os su-periores acceitaram o alvitre e, com a obedien-cia do Padre Martinho consummou-se o sacrificio.

Antes de estudarmos a sua actividade en-tre os morpheticos, demos algumas noticias da nova residencia daquelle que Deus escolhera pa-ra Apostolo-Martyr no asylo de

SANTO ANGELO.

As proporções assustadoras que, mórmen-te nos ultimos annos, ia tomando a molestia de Hansen, chamaram a attenção do Governo. O terrivel mal propagava-se espantosamente em todas as direcções do Estado de São Paulo e Minas. Os doentes perambulavam pelas ruas pedindo esmola e transmittindo aos generosos bemfeitores os bacillos da molestia. Era impres-cindivel pôr um paradeiro a essa fonte de con-tagio. O governo Julio Prestes, attendendo ao bem publico, resolveu levantar asylos conforta-veis em as diversas zonas do grande Estado. O primeiro foi localizado em a planicie de Santo

O Apóstolo Martyr do Leprosário Santo Ângelo
Biografia do Padre Martinho Forner – Alemanha
03/03/1874

Santo Ângelo
05/03/1936
Autor: Padre Oscar Chagas Azeredo
Publicação Santuário de Aparecida Gráfica – 1937

Hansenpontocom e o Protocolo de Atendimento Social

Um vaso de cristal quebrado.

É assim que a Hanseníase representa a vida de todos que por ela fomos afetados de alguma forma.

Sabemos que podemos restaurar um vaso. Só não podemos ter certeza se a restauração conseguirá apagar ou deixar invisíveis as colagens dos pedaços quebrados, porque o certo é que algumas partes não foram encontradas e jamais serão.

Entretanto, precisamos reunir as peças que já possuímos e que este trabalho nos mostre o quanto faltará para que seja novamente um vaso.

É este o ponto.

Pretendemos continuar a busca pelos pedaços que sabemos, via Projeto Rastreando, existem.

Estes pedaços de cristal são todos os que foram feridos pela doença de alguma forma e já sabemos quem são e onde estão.

O objetivo é reuni-los e formar uma imagem, um auto retrato de toda a realidade que a Hanseníase sangrou neste país.

São Paulo é o laboratório, é o celeiro, a minha vivência pessoal, o motor que pode nos levar adiante porque estamos aqui e sabemos, após tantos relatos, que a história se fortaleceu em nossas terras e delas partiremos assim que possível, assim que conseguirmos, por meio de oficinas, palestras e rodas de conversa, reunir peças de nosso vaso para prosseguir.

Colei alguns pedaços do vaso. Acho que ficou bom.

A equipe agora está pronta.

O vaso não se quebrará novamente.

A menos que não consigamos colar as peças que já temos, por falta de apoio.

A reconstrução foi necessária, levou anos confesso.

Tudo é necessário e urgente.
Durante a última década, chamar os filhos separados para a luta indenizatória nos levou a conhecer muitas histórias e sermos solicitados por muitos, no Brasil inteiro, para suas demandas pessoais.

Nossa leitura foi de observação, coleta de dados e busca das instituições e órgãos públicos que pudessem auxiliar na tarefa.

Todos que atendemos possuem um vaso que precisam consertar: suas vidas.

Então, definimos um protocolo de atendimento social, que é caracterizado pelo primeiro contato e a quantidade/qualidade de informações que conseguimos reunir para formatar a queixa ou solicitação que nos apresentam.

Protocolo de atendimento social do
Hansenpontocom

O que é? O protocolo de atendimento social que utilizamos, é um conjunto de procedimentos padrões para atender a demanda diária que recebemos via redes sociais, e mails, telefonemas e presenciais, para que não haja conflito de informações e ações desconexas nos atendimentos que nos propomos fazer espontaneamente, tendo como principal atenção ao respeito no acolhimento a cada solicitação que nos chega.
A frase motivacional é: "Estamos aqui pra servir"!

Quem nos procura? Familiares de pacientes e ex pacientes de Hanseníase, pacientes de Hanseníase e filhos separados pelo Isolamento Compulsório de todo o Brasil. Também nos procuram em menor escala Agentes de Saúde Comunitária e Auxiliares de Enfermagem.

Qual tipo de atendimento buscam? Buscam informações sobre a questão indenizatória, orientações sobre tratamento de Hanseníase em curso, orientações jurídicas sobre busca de familiares e documentos, auxílio para compra de remédios, comida e transporte. Em menor escala entram em contato para denunciar ações, fraudes, desinteligências dentro das ex colônias ou entre parentes de filhos separados.

Primeiro Momento: Solicitamos nome e Estado de onde fala.

Segue o atendimento ouvindo o solicitante e anotando sua fala.

A partir desta primeira história e contato, informamos que somos uma organização social e que nosso trabalho é espontâneo, portanto, poderá ter respostas com um prazo maior de soluções, já que na maioria das vezes dependemos de verba para buscar respostas ao solicitante fora de nosso ambiente de trabalho.

Segundo Momento: Estando identificada, pelo relato, a questão solicitada, informamos que nos retornem:

1- em no máximo 5 dias (se não for solicitação urgente)
2- em 2 dias se a solicitação for cabível de solução ao nosso alcance
3- em algumas horas ou minutos se for urgente.

Nossos colaboradores pelo Brasil, ao receberem a solicitação, entram em contato com nossa base em SP e trocam experiências, para que nenhuma decisão seja tomada unilateralmente, mas sim com a participação de todos.

No Pará, a guerreira que representa honradamente o Hansenpontocom: Irene Reis!.

Como em cada estado as realidades são diferentes, os colaboradores tem autonomia nas decisões, pois estão no campo da atuação.

A troca de experiências objetiva estarmos todos em rede, informados e prestando auxílio técnico se necessário.

Exemplo desta situação: um paciente de Hanseníase de Rondom do Pará entrou em contato com nossa base e solicitou orientações sobre seu tratamento de Hanseníase, há dois meses iniciado. Como ele está no Pará, orientei que entrasse em contato com nossa colaboradora daquele estado, Irene Reis, porque seria a pessoa mais próxima a ele para esta finalidade e com conhecimentos suficientes para acompanhar o solicitante em suas dúvidas, já que a mesma é Auxiliar de Enfermagem especializada em Hanseníase. No decorrer desta orientação, o mesmo afirmou estar desempregado e com dificuldades de comunicação por não ter um celular com capacidade para baixar aplicativos. Neste caso, em SP conseguimos a doação de um celular e enviamos pelo correio, já que aqui mantemos o Usadu's Bazar para esta finalidade. Neste caso específico, cada colaborador foi capaz de atender de imediato as solicitações e o acompanhamento prossegue de ambos os lados.

Terceiro Momento: acompanhamento das solicitações e relatórios

No decorrer destes anos, abrimos canais de comunicação e parcerias com diversos órgãos públicos, instituições, empresas, pessoas físicas e dependemos desta rede externa de confiança para que as solicitações tenham andamento adequado. Onde conseguimos ter um colaborador, vamos incentivando que abra caminhos onde atuará.

O diferencial deste protocolo está em dois segmentos: servir e abrir caminhos.

Nosso entendimento busca soluções práticas que possam ser utilizadas posteriormente pelo próprio acolhido, objetivando o empoderamento e o exercício da sua cidadania, descobrindo sua autonomia de vida.

Não incentivamos o vínculo ou a necessidade da dependência de nossa organização, mas a liberdade de prosseguir sua vida, sendo líder de suas escolhas.

O contato existe, a rede está formada e ele se conecta a partir das suas necessidades, protegido por esta mesma rede sempre que solicitada.

A prática

Captamos recursos por meio de um bazar, que recebe doações de roupas, móveis. Estas doações são feitas por pessoas que conhecem nosso trabalho.
Reeditando o livro, devo acrescentar que, por conta da pandemia, nosso bazar nunca mais recebeu doações e está fechado.

E para que pudessem conhecer nosso trabalho, o bazar funcionou ininterruptamente com portas abertas por dois anos, onde cada cliente que nos visitava era convidado a receber um folheto sobre Hanseníase e obter maiores informações. Acredito que somos a única organização do mundo que fez, ininterruptamente, uma panfletagem por 24 meses seguidos. E ela foi eficaz!

No entorno do bazar, todos conhecem nosso trabalho, todos receberam orientações sobre Hanseníase e todos colaboram para o enfrentamento do preconceito.

Ao término deste período, já tínhamos uma carteira de clientes para oferecer, via página nas redes sociais e whatsapp, os produtos que chegavam para venda.

Cada doação passa por uma triagem, onde são separados para venda, captando recursos e para doação direta a outras pessoas ou instituições que necessitam de apoio. Este trabalho é feito semanalmente.

E foi com o bazar, que descobrimos necessidades de vestuário a muitos filhos separados, que nos procuram com esta finalidade. E no momento do contato no bazar, também identificamos que ele está com fome!

Então, começamos a doar roupas e a oferecer almoço, uma ação ainda simbólica, porque ela é feita mensalmente por falta de maiores recursos. E neste pequeno almoço comunitário, nossa roda de conversa vai conseguindo estabelecer um contato mais humano com a necessidade de cada um.

Tudo isso é feito com a atenção voltada ao telefone e às redes sociais, para que o atendimento on line não sofra interrupções.

O Usadu's Bazar tem sido uma ferramenta muito importante para a divulgação e orientação sobre a Hanseníase. Ele é uma troca importante de experiências com a comunidade e com as pessoas diretamente ligadas ao nosso trabalho, fortalecendo a participação social de todos.

A hanseníase e a eugenia da separação dos filhos

1- Breve histórico e o contexto mundial da época

Não vou argumentar aqui, o que é hanseníase enquanto doença, patologia, porque isso é atribuição médica.

Abordo a hanseníase enquanto **caos social.**

A não informação, o descaso nas políticas públicas do Século Passado, transformaram a hanseníase em um grande obstáculo a ser vencido por ambos os lados: dos pacientes e seus familiares, totalmente marginalizados e a sociedade vigente, transtornada em obter raças puras e fomentar seus ideais absolutos para um sistema político que apenas incluía as classes dominantes.

O Brasil era envolto nas heranças de duas grandes guerras e seus ditadores: Hitler e Mussolini. Por meio dos noticiários apresentados nas salas de cinema da época, os brasileiros recebiam informações americanizadas sobre a realidade mundial.

O avanço da produção do café no Estado de São Paulo e a pouca mão de obra "barata" após a Libertação dos Escravos Negros (porque a escravidão produtiva continuou), trouxe ao nosso Estado e para todo o país, europeus que cruzavam o oceano em busca de oportunidades. Os italianos foram os mais utilizados na produção rural e hoje podemos numerá-los nos sobrenomes dos primeiros isolados compulsoriamente por conta da hanseníase.

O Estado de São Paulo iniciava um processo de interiorização, ou seja, o crescimento das cidades onde o cultivo do café fazia novos milionários. O vai e vem de uma imigração interna, colaborou para que a hanseníase se espalhasse de forma silenciosa e incontrolável, em pontos geográficos distantes, até chegar à Capital.

Surgem várias frentes de combate social, com Alice Tibiriçá, Conceição da Costa Neves e inicia-se aí um movimento político de prós e contras.

Chegamos então ao Departamento da Profilaxia da Lepra.
Datas? Números? Não.

Tínhamos um grave problema social e ainda temos uma herança a compartilhar.

Por mais que o trabalho de alguns avance, enquanto não houver uma equipe de profissionais aptos e prontos a executar projetos que levem a todas as comunidades informações e orientações, o preconceito continuará a ser um bacilo desconhecido e portanto, não combatido. E ele, o preconceito, é altamente contagioso e não tem cura a curto prazo. Este é o grande problema que tentamos resolver, com trabalho incansável e sem medicação suficiente. Aqui, o PQT não é reagente e não cura.

2- O Isolamento Compulsório para esconder a
   verdade
Entre as décadas de 20 a 80 do Século Passado, os pacientes ou supostos pacientes de hanseníase, eram trancados em vastas colônias, distantes dos grandes centros.
Mas, o que era isolar?
Gostaria de ouvir algumas respostas. O que era isolar?
Isolar = separar
Separar = a não estar junto
Não estar junto = estar só

E assim aconteceu com milhares de paulistas e paulistanos, de brasileiros que, doentes, eram caçados em todos os cantos e levados para estas colônias.

Ter uma situação de caos com a hanseníase, era politicamente um tiro no pé, porque o momento nacional era direcionado à produção e quem adoece não produz. O pavor da sociedade dominante, como atualmente vemos com o crack, empurrou os governos a situações limites para esconder o que não sabia fazer. E escondeu, porque ainda não havia cura e a promessa de tratamento era mentirosa. Funcionou. Politicamente falando, funcionou. Tiraram das ruas, das estradas, dos trens, aqueles que a sociedade não queria ver.

As histórias de horror, de pessoas empilhadas nestas colônias, são várias e todos as conhecemos. Conhecemos, mas muitos não a viveram. Eu a vivi no ventre de minha mãe e com certeza trago em mim alguns resíduos desta catástrofe.

Depois, Leis terminaram com este isolamento e veio o advento da cura, que começou com as sulfonas. Abriram as portas do isolamento. Estão abertas até hoje.

Mas a hanseníase continua. Ela permanece nas colônias e absolutamente ignorada, mas presente fora delas.

Os pacientes internados há anos, institucionalizados, não sabiam mais como lidar com o mundo exterior. As sequelas, algumas pavorosas, seriam alvo de marginalização aqui fora. E ainda são. E a hanseníase continua.

O que faltou ou falta então?
Atualmente temos em São Paulo a Divisão de Hanseníase e todos vocês, profissionais que se dedicam nas suas funções. Entretanto, o mundo continua dominado por políticas privadas e não públicas. O caos agora, é outro. O caos está na quarta ou quinta geração e nos novos casos que continuam a chegar e ninguém se apta a abraçar de verdade. A hanseníase precisa de políticas públicas comunitárias, parceiras, sinceras e inovadoras na busca pela aproximação da sociedade com o tema. Precisamos formar profissionais da área de saúde integrados com a doença, porque ela não é bíblica; ela é sem fim se não nos conscientizarmos que o único remédio

eficaz, é a prescrição contra o preconceito. Na bula deste remédio, sugiro um projeto social que aproxime a sociedade da palavra e da doença, para que ela seja encarada com naturalidade.

Não se mata um tabu com pílulas. Precisamos matar a aculturação da hanseníase.
E os filhos destas pessoas, foram, indiscriminadamente, apartados e jogados em orfanatos.

Esta é a nova geração da hanseníase e é por ela que, neste momento, lutamos!!
A indenização moral e financeira que reivindicamos desde 2010, precisa sair das promessas e se transformar, de fato, em Projeto de Lei, porque isso nos foi pautado em inúmeras reuniões, em inúmeros pleitos abertos ao público, referenciado em muitos artigos de jornais, revistas e televisão.

Passou da hora de se fazer justiça, porque envelhecemos.
Agora, não é mais pedido, mas sim dever humanitário de nos apoiar e nos fazer caminhar adiante para que a Presidência da República do Brasil tome uns cinco minutos do seu tempo e

nos receba para, ao nosso lado, assinar um ato
que já não é de justiça, mas de misericórdia.

De onde eu vim
(Teresa Oliveira)

Onde eu nasci não tinha amor
As pessoas eram jogadas, como se fosse um favor
E ninguém se abalava, nem ao menos comentava
Se era certo ou errado, tantos passarem esta dor.
Onde eu nasci o sol também nascia
Na verdade, ele "ardia", na pele de cada um
Porque quando nasci, tratamento não existia
E era viver dia após dia
Como se fosse nenhum.
Onde eu nasci era um depositário de gente
Que arrancavam até dos parentes
Porque a sociedade não queria e também não sabia
Que estar doente não era ser um condenado
Jamais ser tratado como um coitado, criminoso ou
indigente
Teria sido bem melhor, pra toda aquela minha gente
Que alguém naqueles tempos ouvisse todos os
lamentos
E abraçasse nossos sentimentos
Não deixando cada filho ir embora
Ficar por aí afora, tentando sobreviver e de repente
saber
Que tiveram sim mãe e pai, família, um lar
Que não a doença, mas o governo quis arrancar
E até se acovardar, diante da realidade.
E se hoje Hanseníase tem cura

Não curou a ignorância, não tratou a sociedade, não
respeitou a verdade
Que o preconceito insiste em divulgar.

Se por acaso eu esqueci de contar a vocês que todo
sofrimento me padece mas me fortalece, aqui estou,
sou e serei sempre, porque, livre de ser doente, tenho
a Hanseníase dentro de mim, porque determinou
meu destino e eu farei cumprir o que preciso for para
a justiça ser feita!

Este caminho tem sido um puro e sincero sacrifício.

Quando eu penso que a dor passou, a ferida secou,
me deparo com realidades que preciso conviver, ao
mesmo tempo que ajustar.

Na Hanseníase, tudo funciona como um relógio de
bateria fraca. Você vai, regula, briga, fortalece e ele
anda de novo. Vira as costas, vai ver as horas de
novo e ele parou!

Esta é a minha história e a história de muitas pessoas no Brasil.
Cada guerreiro luta com as armas que tem.
As minhas armas são o meu trabalho.
As armas dos outros eu desconheço.
Estou aqui pra servir.

Lembrem-se: quando alguém disser: - Aqui já foi um "leprosário" no passado, diga que ainda é, porque Hanseníase tem cura mas não existe remédio para o abandono e o preconceito e novos doentes surgem todos os dias no Brasil.

Em dezembro de 2023, o Presidente da República, Lula, assinou finalmente, uma pensão mensal vitalícia aos filhos que foram separados de seus pais. Porém, até outubro deste ano, o Decreto que regulariza a lei não foi sequer editado.
Parece brincadeira...
Continuamos aguardando um milagre.

Teresa Oliveira

www.ingramcontent.com/pod-product-compliance
Lightning Source LLC
Chambersburg PA
CBHW031120250726

48655CB00004B/1774